Manifesto da Autoestima

PATRÍCIA CÂNDIDO

Manifesto da Autoestima

Desprograme toda a insegurança
que o mundo te impõe

Nova Petrópolis/RS - 2020

Editorial:
Luana Aquino
Estefani Machado

Revisão:
Rebeca Benício

Capa:
Renata Zucchini

Ícones de miolo:
Freepik.com.br

Dados Internacionais de Catalogação na Publicação (CIP)

C217m   Cândido, Patrícia.
Manifesto da autoestima : desprograme toda a insegurança que o mundo te impõe / Patrícia Cândido. – Nova Petrópolis : Luz da Serra, 2020.
296 p. ; 23 cm.

ISBN 978-65-88484-00-5

1. Autoajuda. 2. Autoestima. 3. Amor-próprio. 4. Desenvolvimento pessoal. 5. Autoconhecimento. I. Título.

CDU 159.947

Índice para catálogo sistemático:
1. Autoajuda   159.947

(Bibliotecária responsável: Sabrina Leal Araujo – CRB 8/10213)

Todos os direitos reservados. Nenhuma parte desta obra pode ser reproduzida ou transmitida por qualquer forma e/ou quaisquer meios (eletrônico ou mecânico, incluindo fotocópia e gravação) ou arquivada em qualquer sistema ou banco de dados sem permissão escrita da Editora.

Luz da Serra Editora Ltda.
Avenida Quinze de Novembro, 785
Bairro Centro - Nova Petrópolis/RS
CEP 95150-000
livros@luzdaserra.com.br
www.luzdaserra.com.br
www.loja.luzdaserraeditora.com.br
Fones: (54) 3281-4399 / (54) 99113-7657

Dedicatória

Dedico esta obra a todos os diferentes, esquisitos, fora dos padrões! A todos aqueles que por serem diferentes foram incompreendidos, feridos, machucados e humilhados.

A todos que receberam rótulos e apelidos ainda muito pequenos e que foram marcados a "ferro e fogo" por episódios traumáticos que corroeram suas almas!

Que este manifesto toque seu coração e lhe ajude a compreender que no mundo em que vivemos, ser diferente o torna único e especial, e que você é um herdeiro divino, que possui todo o direito de ser feliz e realizado!

Sumário

ATENÇÃO: O MUNDO QUER MUDAR VOCÊ!
11

Capítulo 1
O MUNDO DAS DORES
27

Capítulo 2
AUTOESTIMA E VOCÊ
35

Capítulo 3
OS 10 ERROS QUE TIRAM SEU PODER
49

Capítulo 4
AUTOIMAGEM
65

Capítulo 5
AUTOESTIMA E SEU CORPO
95

Capítulo 6
AUTOESTIMA E OS OUTROS
127

Capítulo 7
AUTOESTIMA E O
AMOR ROMÂNTICO
161

Capítulo 8
AUTOESTIMA E
CARREIRA
187

Capítulo 9
AUTOESTIMA E
PROSPERIDADE
223

Capítulo 10
UMA NOVA
AUTOIMAGEM
237

Capítulo 11
PRÁTICAS E
EXERCÍCIOS
"REINTEGRANDO
O SEU SER"
249

AGORA É HORA
DE AMADURECER
291

Atenção: O mundo quer mudar você!

Talvez essa seja uma forma um pouco dura de começar este livro, mas se você está aqui comigo, se escolheu esta leitura, é porque é uma pessoa de coragem. **Você é "gente profunda"**, como costumo falar. "Gente profunda" é quem não aceita mais a superficialidade do mundo, é quem quer mergulhar profundamente dentro de si. É para pessoas assim que eu trabalho e escrevi este livro.

Se você está lendo isto agora, provavelmente não tem a vida com que sempre sonhou. Alguma coisa tirou o seu sono e o brilho dos seus olhos: um problema no trabalho, questões familiares, financeiras ou mesmo um relacionamento ruim (ou até a falta de um relacionamento).

Qualquer que seja o problema que o aflige, o motivo é um só: você não se acha bom o suficiente e por isso perdeu toda a espontaneidade.

Deixa eu lhe contar um segredo: a culpa não é sua. Na verdade, isso acontece com quase todos. E sabe por quê?

Porque o mundo quer nos mudar!

Manifesto da Autoestima

O mundo quer nos conformar, ou seja, nos dar um formato. A sociedade nos impõe inúmeras regras. Existe um contrato social no mundo inteiro que diz como devemos nos portar à mesa e em cada ambiente que frequentamos. O mundo quer que você se torne uma pessoa que não é: que emagreça, que siga uma determinada carreira, que nunca projete a sua voz. 💄

Nós fomos programados para atender às exigências externas, para agradar aos outros, e nos esquecermos de quem somos de verdade. E o que se espera é que sejamos exatamente desse jeitinho. Até que começamos a nos sentir aprisionados, porque não temos coragem de enfrentar o que precisamos para ser quem realmente somos.

E quando alguém ousa achar que pode ser quem quiser, como quiser, o que acontece?

O mundo reage, porque não pode deixar isso acontecer. Ele quer dar uma forma ao nosso ser, nos colocar dentro de um cercadinho, de um quadradinho. E com o tempo, vamos nos cristalizando, ficando conformados, tristes, cabisbaixos, envergonhados. 😢

Será que você não está muito adequadinho, arrumadinho, engomadinho, fazendo só o que os outros querem? Será que não está na hora de se libertar?

O mundo quer que você se desvie do caminho da sua missão, mas nós vamos dar um grito de liberdade. 📢 Chega de ser essa pessoa caladinha, quietinha, que não tem voz para nada! "Ah, eu só pago meus impostos, meus boletos, não incomodo ninguém, vivo no meu cantinho." Mas eu sei que por baixo dessa roupa normal que você veste todo dia, há um uniforme de super-herói escondido, e que, com ele, você seria capaz de fazer coisas incríveis. O que está faltando é rasgar essa roupa e mostrar para o mundo quem você é de verdade, o super-herói que mora aí dentro. 👊 Sair pelo mundo salvando a si mesmo e depois ajudando outras pessoas. Está na hora de sair da zona de conforto e assumir as rédeas da sua vida empoderada. Você já tem o uniforme; só falta dar o grito de liberdade e mostrar para o mundo quem você realmente é.

E o segredo para isso é a autoestima.

Talvez agora você esteja questionando quem eu sou e por que acho que posso falar da sua autoestima.

Eu sou a Patrícia Cândido, filósofa, escritora *best-seller* internacional e autora de 17 obras publicadas. Atuo na área das terapias naturais e desenvolvimento pessoal há 18 anos. Trabalhei em consultório por muito tempo – pelos meus cálculos, tenho mais de 25 mil horas de consultório. Atendi milhares de pessoas e sei como ajudar você a encontrar a transformação.

Tomei a decisão de escrever este livro porque estou realmente cansada de ver tantas pessoas incríveis se diminuindo, pessoas com potenciais maravilhosos se achando as piores do mundo, sem confiança e inseguras, muitas vezes sem coragem até para se levantarem da cama pela manhã. 😩

Espero que não seja o seu caso, mas conheço pessoas que, pela manhã, perguntam a Deus por que Ele as deixou acordar! E isso é muito triste de se ver! É muito triste saber que há pessoas que não valorizam a oportunidade de estar aqui na Terra, de desenvolver a sua alma e depois ajudar, estender a mão para alguém e tornar o mundo um lugar melhor!

Esta é a nossa missão genérica: tornar o mundo um lugar melhor ♀

E isso pode começar por ajudar você mesmo a sair desse buraco em que entrou.

Eu sei que o caminho pode ser longo e árduo, e eu mesma levei muito tempo para me tornar a pessoa que sou hoje. Recebo muitos elogios dizendo que em meu trabalho transmito muita confiança, segurança, que passo conteúdos para todos com muito amor e tenho uma capacidade incrível de ajudar. 🤩 Recebo muitas mensagens carinhosas dos meus alunos e mentorados, mas garanto que nem sempre fui assim. Nem sempre fui a Patrícia Cândido que sou agora. Foram muitos anos de construção, tijolinho por tijolinho. Já fui muito insegura e carente, e houve uma época em que eu não tinha a confiança que tenho hoje.

Eu vivia infeliz – não o tempo todo, mas parecia que sempre faltava alguma coisa. Ou era porque estava alguns quilos acima do peso, ou porque meu cabelo não estava como eu queria, ou porque não me sentia confiante em determinado aspecto da vida. Tudo isso me deixava muito insegura. 🥺

A construção da minha autoestima foi um processo lento. E, como a vida não é linear, tive também

algumas quedas. Só que, depois de todas elas, vinha uma reconstrução. Sempre que uma parede dessa casinha de autoestima que eu estava erguendo caía, eu a reconstruía. E assim, aos pouquinhos, tijolinho por tijolinho, minha autoestima se solidificou.

E é justamente porque já estive onde você está agora que iniciei este trabalho. Meu objetivo com ele é ensinar todos os segredos, tudo o que você precisa fazer para sentir a plenitude que sinto hoje. **Plena**: é assim que me sinto neste momento da vida.

O que você vai encontrar no *Manifesto da Autoestima* é um método testado e comprovado para que você se reconecte com a sua essência e passe a se aceitar e se amar, do jeitinho que é, e não como os outros querem que você seja!

O primeiro passo é ativar a sua consciência. Não costuma ser muito confortável, mas esse choque de crenças sobre nós mesmos é fundamental para entendermos como chegamos a esse ponto.

O segundo passo é quebrar o que chamo de "muro das dores", que é esse muro alto que você construiu com os tijolaços da vida e atrás do qual se escondeu.

O terceiro passo é criar novos hábitos, substituir as crenças antigas por crenças novas, de autoamor e aceitação.

Quando faz isso, você se torna um ímã de poder e cria um novo ponto de atração, que vai permitir que coisas incríveis aconteçam na sua vida.

Por fim, a autoestima é um processo, então entenda que você deve buscar sempre um crescimento contínuo.

Meu objetivo aqui é encurtar a sua jornada, o seu caminho, diminuindo sua curva de aprendizado. Você não precisa levar o mesmo tempo que eu levei para construir a minha autoestima. Eu só fui ter autoestima de verdade há poucos anos, quando decidi que não ia mais ser infeliz. Não quero deixar para ser feliz aos 80 anos!

A felicidade não deve ser adiada, deixada para depois. Precisamos de felicidade agora, pois ela é um combustível fundamental em nosso cotidiano!

Então, me responda: se você pudesse fazer o que realmente gosta, será que estaria fazendo o que faz

hoje? Será que você continuaria no trabalho em que está hoje se fosse uma pessoa confiante e segura? Seu sonho é fazer as pazes com a sua alma para nunca mais ter que se sujeitar a fazer aquilo que detesta? Se você está cansado de se dar bem em algumas áreas e em outras se sentir fracassado ou infantil, incompetente naqueles aspectos, este livro é para você. Porque a ideia aqui é crescermos juntos!

O objetivo é que você recupere o poder que é seu por direito. Eu garanto que, depois de ler este livro, você vai se tornar outra pessoa.

Que resultados você pode esperar depois de ler o *Manifesto da Autoestima*? Sua energia vai mudar, e você vai começar a atrair:

♡ Notícias incríveis, disruptivas e impactantes.

♡ Dinheiro inesperado. Quando você se sente mais confiante, mais seguro, mais pleno e mais feliz, você se conecta melhor à sua alma. Quando você está brilhante e irradiando energia, quando todas as suas células estão aplaudindo a sua atitude, o dinheiro inesperado vem, e você se conecta também com a fonte da prosperidade e da abundância.

💖 Oportunidades e convites inesperados. As pessoas vão notar um brilho diferente em você. Isso vai acontecer com muita rapidez. Quando você chegar ao trabalho amanhã, quando falar com alguém, as pessoas já vão começar a dizer: "Nossa, como você está diferente! O que você fez?". É o seu brilho que vai estar diferente depois de aplicar os conceitos do *Manifesto da Autoestima*.

💖 Ideias incríveis para resolver um problema ou para um projeto novo. Quando você muda sua energia, quando você melhora, *insights* e ideias novas começam a surgir.

💖 Vencer a timidez. A timidez é o orgulho disfarçado. Normalmente, a pessoa tímida tem um medo enorme de ser julgada. Só que, quando você não está nem aí para o que os outros vão pensar e está de posse das rédeas da sua vida, você vence a timidez.

💖 Você vai se sentir uma pessoa mais poderosa, começar a tomar as suas próprias decisões, sentir o poder, e a luz da vibração no seu próprio poder.

💖 Gestos carinhosos incríveis e improváveis, até de pessoas duronas agindo melhor em relação

a você. Vamos supor que seu chefe seja carrancudo: como a sua energia vai estar mais alta e você vai brilhar mais, talvez você receba um elogio ou um gesto carinhoso até de uma pessoa assim. Você vai se sentir merecedor. Esse é um grande problema de quem não tem autoestima. Muitas pessoas não se sentem merecedoras da abundância, de tudo que há de bom no mundo.

♡ Você vai se sentir uma pessoa mais bonita. Eu garanto! Sou pesquisadora da área de bioenergia há 18 anos, e quando você reformula seus padrões de pensamento, sua energia vital se reformula desde o nível celular. A pele brilha mais, tem mais luz e você vai notar isso ao se olhar no espelho. Vamos usar muito o espelho ao longo do livro. E nem pense em dizer que você tem medo do espelho! Vamos desprogramar esse medo. Você vai se olhar no espelho e se sentir uma pessoa mais bonita.

♡ Limpeza de ressentimentos. Vamos fazer isso porque o ressentimento prejudica a sua autoestima. Às vezes a pessoa passa 30 anos convivendo com um ressentimento que já podia ter sido limpo e desprogramado.

💖 Apagar a dor e a mágoa da memória. No capítulo de práticas, faremos algumas afirmações Aura Master para limpar essas memórias de dor e mágoa.

💖 Aumento absurdo da confiança. Por mais inseguro que você seja, pode ter certeza de que sua confiança vai aumentar.

💖 Aumento absurdo de energia. Acho que muitas pessoas nem vão dormir à noite depois de ler este livro, porque eu estou aqui para provocar mudanças incríveis em você.

💖 Gratidão e satisfação pela vida. Você vai aprender a olhar para as situações da vida de um outro jeito.

💖 Surpresas, viagens, mudanças ou prêmios. Tudo isso vai começar a se manifestar ao longo da leitura do livro.

💖 Ligações e mensagens reveladoras também vão acontecer.

💖 Ter uma vida mais leve. Às vezes carregamos um peso enorme na vida, e é muito fácil simplificar as coisas e ter uma vida mais leve.

💖 Respeitar a sua própria opinião. Algumas pessoas só tomam decisões com base nas opiniões dos outros. Você aprenderá a escutar seu coração e tomar suas próprias decisões.

💖 Sentir-se forte e invencível.

Você pode estar aí pensando que tudo isso é bom demais para ser verdade. Sim, é verdade! Eu escrevi este livro 100% comprometida a dar tudo de mim, entregar tudo o que sei, para transformar a sua vida. Mas tem um detalhe importante: **tudo isso só é poderoso e só funciona se você se comprometer.**

Quantas vezes você encontra tempo para cuidar de todo mundo, menos de você? E como eu sei disso? As pessoas vivem se queixando que não têm tempo, mas, para ficar nas redes sociais espiando a vida alheia, todo mundo arruma um tempinho. 🙆

Por isso eu peço que, a partir de agora, você se esqueça das outras coisas. Você merece isso, merece esse presente. 🎁 Que tal se dar esse presente, tirar esse tempo para cuidar de si mesmo?

A maioria das pessoas não reserva um tempo para se cuidar. 🕐 Então, já que você começou a ler este livro, se comprometa! Assuma o compromisso de fazer tudo o que eu vou ensinar, de fazer os exercícios, de se concentrar no *Manifesto da Autoestima*.

Para começar, quero pedir que, enquanto estiver lendo, você tenha um caderno e um lápis ou uma caneta à mão para fazer anotações, porque certamente vão lhe ocorrer muitos *insights* e ideias. Além disso, você vai precisar de um espelho pequeno, de preferência daqueles que as pessoas carregam na bolsa. Ele será muito importante nessa jornada. Se você não tiver um espelho portátil, pode usar um espelho qualquer. Ou, se preferir, num primeiro momento dá até para usar o seu celular mesmo, no modo *selfie*. O importante é ter uma forma de ver a sua própria imagem para acompanhar o *Manifesto da Autoestima*.

Existe uma passagem bíblica que diz: "Ame ao teu próximo como a ti mesmo". Normalmente, amamos mais o próximo do que a nós mesmos. O objetivo é ter equilíbrio: amar ao próximo como nos amamos, como nos doamos. 🥰 Quer um belo exemplo disso? Olhe para as mães! Elas levam isso ao extremo! Se

doam demais e esquecem de si mesmas. Só que, às vezes, cuidar de si mesma vai deixar seu filho mais feliz. Porque uma mãe que se cuida, que cuida da própria energia, consegue ter mais qualidade de vida para cuidar dos filhos. Eu sempre digo que uma mãe levanta um caminhão para salvar o próprio filho, mas será que levantaria um caminhão para salvar a si mesma? 🤔 Chegou a hora de você se salvar, se resgatar do buraco onde você mesma se colocou.

Eu sei que o mundo nos impõe muitas coisas, que a mídia é severa, que as revistas publicam fotos de corpos inatingíveis. Sei que o mundo faz isso comigo, com você, com a maioria das pessoas. O único jeito de sair daí é você querer, é você dar o primeiro passo. E parabéns! Você está lendo o *Manifesto da Autoestima*, então já deu o primeiro passo para sair do buraco! E agora eu vou ajudá-lo, **vou pegar na sua mão e você vai sair daí.**

Fico muito feliz por você estar comprometido comigo. Nos eventos em que ministro palestras, tenho acompanhado uma verdadeira legião de pessoas juntas lutando para ter plenitude na vida. **Nós merecemos isso! Ah, sim, e como merecemos!**

Merecemos ter plenitude, abundância, prosperidade. Merecemos nos dar o devido valor. Você vale muito, é um herdeiro divino! Você vale muito nos planos superiores!

O Plano Divino, o Universo, a Força Criadora precisa muito de você aqui na Terra fazendo seu papel e cumprindo seu propósito. Você é muito importante, mas às vezes não acredita nisso, então vamos fazer com que você entenda o valor que tem.

E então? Vamos juntos?

01

O muro das dores

Faz 18 anos que estou procurando uma pessoa: alguém que se olha no espelho totalmente nu, e não encontra nenhum defeito, não reclama de nada e se ama exatamente do jeito que é. Nos milhares de eventos presenciais onde já ministrei palestras, cursos e workshops ao longo das últimas duas décadas, eu sempre peço para levantar a mão quem é totalmente satisfeito com sua autoestima e se ama em todos os níveis e dimensões do seu ser, aceitando-se exatamente como é. Adivinhe? Nunca alguém levantou a mão... 👀 E sinceramente, já estou perto de acreditar que essa pessoa não existe.

Todos nós, quando nos vemos no espelho, encontramos algum problema. Nem que seja uma unha do dedinho do pé de que não gostamos, o formato ou o tamanho da mão, o jeito do joelho quando paramos, a gordurinha embaixo do braço etc.

> **E o problema não é só no corpo.
> Nós nos depreciamos em muitos níveis.**

Quantas vezes você se pegou dizendo coisas como: "Eu sou uma anta!", "Eu sou idiota!", "Ai, como eu sou burro!"?

Nós falamos isso automaticamente, e no momento em que nos diminuímos, nosso corpo e nossa aura recebem essa vibração de depreciação.

Existe uma passagem muito interessante no filme *Matrix Revolutions*, quando o Neo está numa estação de trem e ouve a conversa de uma menina com seu pai, que diz assim: "Uma palavra não é nada sem a emoção que ela carrega".

Então, a minha pergunta aqui é: que tipo de emoção as palavras que você diz para si mesmo estão carregando? Porque, se você falasse "Ai, que burrinho mais lindo!", isso teria uma vibração. Mas, quando diz "Ai, eu sou um burro mesmo!", a vibração é outra.

A energia que você manda para as células do seu corpo determinam a sua vibração, e isso vai murchando cada vez mais a sua aura e comprometendo a sua autoestima.

Como construímos o muro das dores

Sabe por que é tão difícil nos olharmos no espelho, enxergarmos nossos pontos positivos e dizermos palavras de amor a nós mesmos? Porque fomos educados para acreditar que isso é feio, que é uma expressão do ego negativo. Que a pessoa que se ama "quer aparecer", é metida, se acha melhor e superior aos outros.

Para o sistema atual que governa nosso mundo, não é interessante e muito menos conveniente que você se ame, então tudo foi programado para você se enfraquecer, pouco a pouco, dia a dia, minando o seu poder de se reconhecer e se valorizar.

Existe uma conspiração invisível que chamo de **RPR (Religião, Política e Remédios)**. Essas instituições têm muito poder e podem nos dominar pelo medo, minando o nosso poder, fazendo com que nos sintamos fracos e incapazes. Quanto mais gente conformada, fraca, letárgica, doente, utilizando medicações controladas e vivendo à espera de um salvador, melhor para fortalecer o poder e o domínio dessas instituições.

E é por isso que elas seguem nos atirando tijolaços: você nunca vai ter esse corpo de capa de revista? Então você não serve. Seu cabelo não acorda naturalmente arrumado assim como o dessa modelo? Então você não serve. Você não tem dinheiro para viajar para uma praia paradisíaca uma vez por mês? Então você não serve.

Esses são só alguns dos tijolaços que a vida nos lançou, mas existem muitos outros. Coisas que ouvimos a vida toda, que nos rotularam, e nas quais passamos a acreditar: otária, ridícula, burra, teimosa, grossa, incapaz, balofa, trouxa, neurótica, lenta, histérica, louca... A lista de rótulos tende ao infinito.

Todos esses tijolos foram lançados em você. A primeira coisa que eles fizeram foi destruir a sua autoestima. Depois, você os pegou todinhos e construiu esse muro de dores atrás do qual se esconde.

Consequências da falta de autoestima

São muitas as consequências, para a nossa vida e para o mundo, da falta de autoestima.

Quando não temos autoestima, não conseguimos falar em público, nos tornamos tímidos, não nos saímos bem em entrevistas de emprego.

E não é só nessas situações de interação com os outros que a falta de autoestima se torna um problema!

Quando a pessoa não tem autoestima, ela não se arruma, não se gosta e ainda pensa: "para que vou me arrumar se eu não tenho graça mesmo? Para que vou sorrir se ninguém me nota mesmo?".

E então entramos nesse círculo vicioso e acabamos caindo no buraco. E o que mais tem neste planeta é gente caída pelos cantos, no buraco.

A maior e mais grave consequência disso é a falta de liderança no mundo!

Se as pessoas estão sem confiança até para se arrumar e enfrentar o dia, como podem liderar as grandes mudanças que o nosso mundo necessita? Faltam líderes. Falta amor. Precisamos fortalecer a geração atual! Se as pessoas não têm amor suficiente nem por elas mesmas, como podem dar amor aos outros? E é por isso que nosso mundo está caótico! Porque as pessoas não têm autoestima, não confiam no seu poder e muito menos em seu potencial de transformação.

02

Autoestima e você

Espelho, espelho meu

Quem é a única pessoa responsável pela sua autoestima? Exatamente! É você! E é por isso que este livro começa por você, e não pelos outros nem por outras áreas.

O que você vê quando se olha no espelho? Quem você vê? Você se olha e se reconhece ou pensa: "Quem é você que não sou eu aí dentro?". Você olha nos seus olhos e sente força e poder ou baixa os olhos para não ter que se encarar? Quem você vê do outro lado? O espelho se quebra ou bate palmas quando você olha para ele?

Quando você pergunta "Espelho, espelho meu, existe alguém mais lindo do que eu?", o que ele responde? Comece a pensar nessa pergunta desde já!

E se ele diz que existe, sim, alguém mais lindo que você, é hora de ligar o alarme!

Quem foi que tirou o seu poder? Em que momento você perdeu a sua autoestima? Houve algum momento na sua vida em que você se sentiu confiante, pleno e aí alguém disse que você não era bonito o suficiente, que você não era bom o suficiente, que você não era inteligente o bastante, que você não era magro o bastante?

Em que momento isso aconteceu? Em que momento da vida a sua autoestima começou a ir para o buraco?

Quem foi que tirou o seu poder? Foi a mídia? A escravidão feminina? Os padrões estéticos? Em que momento a sua energia começou a murchar?

Sugiro que você faça uma reflexão profunda sobre isso. Eu sei que no dia a dia, com a correria da vida, você não separa um tempo para responder a essas perguntas. (Nem você, nem ninguém, para falar a verdade!) E eu estou aqui para isso, para escarafunchar, para cutucar, para espremer espinhas. É para isto que estou aqui: para ajudá-lo a recuperar a pessoa que talvez você já tenha sido. E, para saber como sair daí, você precisa entender como entrou. Isso se parece com conselho de sábio oriental, né? O pupilo pergunta: "Mestre, como faço para sair desse buraco?". E o mestre responde: "Do mesmo jeito que você entrou!".

Então, como foi que você entrou no buraco? Quem foi que tirou o seu poder? Talvez uma mãe narcisista, talvez maus-tratos da vida, talvez você tenha sido abandonado. Em que momento isso aconteceu? Comece a refletir e identificar qual foi a situação que tirou a sua autoestima.

Muitas vezes, você tem autoestima no trabalho, na carreira, na prosperidade, mas lhe falta autoestima fisicamente. Às vezes você se acha lindo ou linda fisicamente, mas no trabalho se sente sem poder e autonomia, ou então, não se sente confiante quando tem que falar em público.

Raramente alguém tem autoestima em todos os níveis! E está tudo bem quanto a isso, desde que não desistamos de nós mesmos.

Qual é a área de dor hoje, em que a sua autoestima está mais abalada? Selecione essa área e comece a pensar em como você perdeu seu poder nesse aspecto, pois vivemos num mundo que muitas vezes nos escraviza.

Será que foi a escravidão da mídia que tirou o seu poder ao impor padrões estéticos inatingíveis?

Meu objetivo, ao cutucar essa ferida, é lhe ajudar a encontrar o momento, o fio da meada que fez você se sentir menos confiante.

Os olhos dos outros

Muitas vezes nos observamos do ponto de vista alheio, com os olhos dos outros e precisamos ter muito cuidado com isso!

Há muitos anos, eu estava falando em inglês e uma pessoa me ridicularizou. Eu falava bem, mas travei naquela situação, porque a crítica foi feita em público e muita gente presenciou. Mas qual é o problema de errar um pouquinho, já que eu nem estava falando minha língua nativa? Só que aquilo me travou de um jeito que fiquei sem autoestima. Agora estou resgatando isso, estou buscando isso de novo, mas na época fiquei sem nenhuma autoestima para falar inglês, devido a um julgamento de outra pessoa, aos olhos dos outros.

Os desafios que abalam a nossa confiança se encontram arraigados em muitos níveis, desde falar uma outra língua até não gostar de encarar o espelho.

Então eu pergunto: em qual área da sua vida você não tem autoestima e quem foi que tirou o seu poder, foi uma pessoa ou uma situação? Você vai precisar saber disso para podermos continuar.

Quais as situações de vida ou pessoas que mais afetaram a minha autoestima até hoje?

1. _____

2. _____

3. _____

4. _____

5. _____

Desde que nascemos somos formados para atender aos outros, a questões externas. Desde o nascimento precisamos atender aos desejos dos outros, às expectativas dos pais. "Preciso ser legal com os meus pais, preciso me comportar para não chatear os meus pais, preciso ser um filho querido, um filho bonzinho." Depois, quando vamos para a escola, vem as recomendações: "Respeite a professora, não levante a voz para ela, que é a detentora da sabedoria. Na escola, a professora é a sua mãe, e você deve respeito a ela, assim como deve a mim em casa." Não é que seja ruim nem errado respeitar os professores, mas nós somos treinados, formados para atender aos desejos alheios.

Na terceira série, tive uma professora abusiva e não conseguia dizer "não" para ela. Essa professora não escrevia mais no quadro e, como eu tinha uma letra bonita, ela pedia para eu escrever tudo no quadro. Eu ficava exausta e não aprendia nada, porque estava concentrada em escrever. Mas, como minha mãe tinha me mandado obedecer e não dizer "não" para a professora, passei aquele ano inteiro escrevendo no quadro. E não achava ruim, porque eu tinha que fazer tudo que a professora queria. Eu tinha apenas 8 anos, não tinha condições de avaliar isso. Acabou que, durante toda a minha vida, segui esse padrão de atender aos desejos alheios, porque fui educada para isso. Somos formados para atender às ordens dos adultos. Temos que obedecer aos mais velhos, e assim as pessoas vão nos conduzindo como elas querem. E se não temos cuidado com isso, nos tornamos marionetes das pessoas que nos cercam.

Com as mulheres, o atender às ordens alheias acontece de forma ainda mais intensa. O tempo todo dizemos "sim" para o marido, para o chefe, para outros adultos, para os filhos...

Todos nós lutamos para responder às expectativas externas como uma forma de sermos aceitos. E ficamos numa luta para atender a tudo e a todos, porque queremos ser amados. Dessa forma, muitas vezes você diminui a sua luz para se adequar a um grupo de pessoas que nem são tão geniais quanto você.

Vamos refletir: muitas vezes você é genial, é incrível, tem ideias maravilhosas. Só que está inserido num grupo de pessoas medianas. E o que você faz? Começa a diminuir a sua luz só para ser amado por aquele grupo, para se encaixar naqueles padrões. Muitas vezes nós diminuímos a nossa luz só para sermos aceitos pelos outros. Isso é muito triste, porque você deixa de ser quem é. É como se você tivesse um potencial 100 e diminuísse para 50 só para ser aceito por aquele grupinho, porque o amor daquele grupinho é importante para você. Isso é muito triste.

Ninguém existe para agradar aos outros. Você existe para agradar a si mesmo. Isso se chama integridade.

É nesse trajeto de atender às expectativas dos outros que muitas pessoas se perdem de si mesmas e deixam adormecer o poder pessoal. Se você tem potencial 100 e diminui para 50, você vai enferrujando: sua memória, sua inteligência, sua luz, tudo fica enferrujado. E você vira aquela pessoa largada no sofá, com um pote de sorvete. Ou aquela pessoa atirada na cama o fim de semana todo, sem vontade de se arrumar, de sair, de vestir uma roupa bonita. E murcha para a vida. Porque, se você não pode ser quem quer ser, vai acabar sendo do jeito que os outros querem, para atender às expectativas deles. É muito triste quando se chega a esse estágio.

Crenças limitantes — e autolimitantes

O método do *Manifesto da Autoestima* é assim: primeiro, ativamos a sua consciência para saber onde você está. Precisamos desse choque de crenças em relação a nós mesmos. Entender no que acreditamos, qual é a história que contamos na nossa cabeça.

Por que você é assim? Tenho certeza de que você já tem a resposta pronta, uma história triste, toda montadinha para se defender. É a mesma história que você conta para si mesmo há muito tempo.

Será que essa história é verdadeira? Será que, para as pessoas que participam dessa história, ela existe de fato? Será que as pessoas estão conscientes dessa história? Precisamos ter consciência e saber se não estamos contando mentiras para nós mesmos.

Depois vem o tratamento, que é a quebra do muro das dores, a destruição desse muro. E entramos com um novo hábito, que é colocar uma crença nova e poderosa no lugar da crença limitante. É uma nova programação. Nesse momento, você se torna um ímã de poder. E uma nova consciência, um novo ponto de atração começa a aparecer.

Crescimento contínuo. Ser o que você nasceu para ser e brilhar constantemente. Quanto mais poderoso você for, mais poder vai atrair.

No processo de conquista da autoestima, existem dois mundos: a **Poderosfera** e a **Carenciosfera**.

A *Carenciosfera* é o planeta do "mimimi". Nele, você está sempre implorando por migalhas emocionais, sempre querendo chamar a atenção dos outros, sempre de mimimi. E assim você vai minando, contaminando a sua aura, se autodestruindo.

No método de quebra do muro das dores, é preciso sair da *Carenciosfera*. É imprescindível fazer as malas e sair desse planeta. 🧳 Mas, para isso, é fundamental ter mentores. E é por isto que estou aqui: para lhe dar direção e tirá-lo do vitimismo, do drama.

Não estou dizendo que quem tem problemas é "mimizento". Eu entendo o "mimimi", entendo que é necessário. Só que às vezes ficamos anos nele e já está na hora de sair, de encerrar um ciclo, de começar uma coisa nova.

Chega! Chega de chorar! Basta de *Carenciosfera*!

Quando estamos conectados à fonte certa de energia, não ficamos carentes, não precisamos de mais nada. Se você está conectado à fonte do amor, você se torna o amor. E, quando você se torna o amor, você atrai tudo que é bom e passa a habitar o planeta da *Poderosfera*.

Conhecendo as suas crenças

Todos temos as nossas crenças limitantes (que, em essência, são autolimitantes, porque limitam a nós mesmos e ninguém mais), os nossos paradigmas, o nosso modo de pensar. **Paradigma é o sistema de crenças que habitam sua mente e que governam seus pensamentos e suas ações.**

São as crenças que determinam 95% das nossas atitudes, de tudo o que fazemos, sentimos ou pensamos. Sim, a maior parte da sua vida é dominada pelo seu inconsciente, pelos medos que você tem desde a infância, pela raiva que você sente e é inconsciente e você nem sabe de onde vem. Tudo isso governa a sua vida.

E as memórias que carregamos, inclusive as memórias dos antepassados que carregamos na genética, tudo isso influencia essas crenças inconscientes.

Nós vamos trabalhar a limpeza profunda dessas crenças, mas, antes de limpar, é preciso saber o que estamos limpando, não é mesmo?

Por isso proponho agora que você **faça uma lista de todas as coisas que você acredita sobre si mesmo e que o impedem de ser a pessoa incrível que nasceu para ser.**

Por exemplo: você se acha feio? Você acredita que precisa perder peso para ser amado? Ou acredita que as mulheres só se interessam por homens ricos, e por isso vai ficar sozinho para sempre?

Não importa quais são as coisas em que você acredita, nada é bobo demais para ser uma crença limitante. Muito pelo contrário: às vezes o maior problema é aquilo que parece mais inocente.

Então, dê uma pausa na sua leitura, pegue seu caderninho e mãos à obra!

Quais são as minhas crenças limitantes sobre autoestima:

1. _____
2. _____
3. _____
4. _____
5. _____
6. _____
7. _____
8. _____
9. _____
10. _____

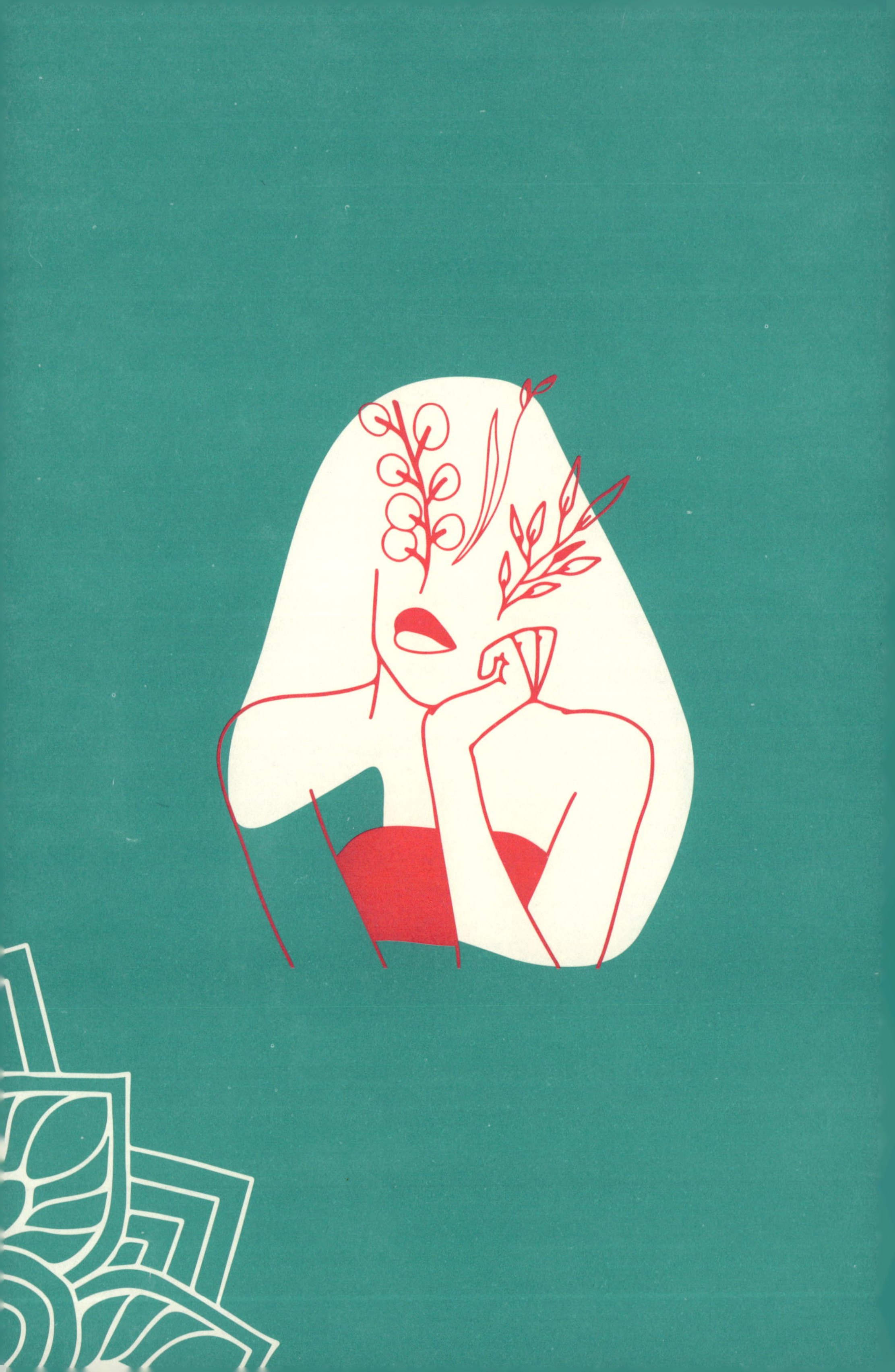

Os 10 erros que tiram seu poder

Vamos falar agora sobre os 10 erros que roubam o seu poder, tiram a sua autoestima e o prendem atrás do muro das dores. Abra o seu coração!

Sou palestrante internacional, e quando vou a palestras, seminários ou congressos, sempre peço para as pessoas que têm a autoestima 100% resolvida levantarem a mão. O que percebi no consultório, na vida, até com as minhas amigas e com a minha família, é que não existe nenhuma pessoa no mundo que seja completamente bem resolvida com a própria autoestima.

A autoestima não é só vinculada à beleza física, não é só vinculada ao que você vê no espelho. Autoestima está muito associada a tudo aquilo que você é em essência. A sua mente, o seu espírito, as suas emoções e, principalmente, a capacidade que você tem de se autoapoiar em momentos de crise.

Autoestima significa você conseguir dar força para si mesmo e conseguir sair do buraco, sempre que for necessário. Se você caiu no buraco, está deprimido, está mal, será que consegue sair, se levantar e se apoiar? Ou será que ficaria no buraco para sempre?

Isso também é resiliência, uma palavra muito utilizada atualmente. **Resiliência** é a capacidade que você tem de lidar com momentos de adversidade e encarar os problemas e os desafios como oportunidades de crescimento. Ou seja, transformar uma situação adversa em oportunidade de melhoria. Realizar uma transmutação em uma situação de crise e fazê-la se transformar numa coisa boa.

Sim, você tem poder para isso. Acontece que, ao longo da vida, você foi cometendo alguns erros que roubaram esse seu poder. Vamos ver cada um dos erros que roubam o seu poder, para podermos tangibilizar e ter uma noção exata do que está atrapalhando a sua vida agora.

Às vezes nos esquecemos de medir as nossas emoções. Somos capazes de medir muitas coisas menos importantes, mas não as nossas emoções, o que estamos sentindo, o que está nos atrapalhando. Hoje nós vamos medir essas coisas, e você vai conseguir transformar isso.

Pegue o seu caderno e sua caneta. Para cada coisa que eu citar, você vai dar uma nota. Por exemplo, se eu citar "raiva", você coloca uma nota de 0 a 10.

Se você sente muita raiva, com muita frequência, dê nota 10. Se você sente pouca raiva, só de vez em quando, talvez sua nota seja 4. Agora, se você nunca sente nem um pouquinho de raiva – o que, aqui entre nós, é muito difícil, aí a nota é 0.

Você se lembra do muro das dores? Ele foi construído com frases do tipo "você é feio", "você é burro", "você não tem coragem", "você é chata", "você é controladora". E ficamos escondidos atrás desse muro sem permitir que as outras pessoas tenham acesso à nossa intimidade.

É o muro das dores que impede que a vida seja plena. Ele nos torna meros coadjuvantes em nossa própria vida. Você não é protagonista da sua vida porque se esconde atrás desse muro. E só tem um jeito de sair: **derrubando-o**. Só você pode dar esse grito de liberdade. Ninguém pode fazer isso por você. Nem um mestre ascensionado, um ser de luz, um ser iluminado consegue tirá-lo do buraco se você não quiser sair daí.

Essa vontade de sair precisa partir de você, porque se alguém for tirá-lo, essa pessoa vai interferir no seu livre-arbítrio. O Universo entende quando você dá o primeiro passo. O Universo coloca o chão. É só você fazer um esforcinho para sair do buraco, que o Universo já entende o recado, e o ajuda a sair por meio das sincronicidades, de pessoas que vão surgir na sua vida. **Mas o primeiro passo é sempre seu.**

Ninguém vai ajudá-lo se você não manifestar uma vontade de sair do buraco, de receber ajuda. Você precisa expor para a vida, para o Universo, para Deus, Krishna, Allah, Buda, não importa em quem ou no que acredita, a vontade de sair da zona de conforto.

Nada acontece na zona de conforto. A zona de conforto é o buraco, um limbo onde nada acontece. Só vai acontecer alguma coisa se você manifestar a vontade de sair desse buraco. Lembre-se sempre disso.

O muro das dores só pode ser quebrado, demolido, se você quiser. Você até pode fazer um mutirão, chamar as amigas, convocar os amigos para ajudar você a quebrar esse muro, mas só você pode dar o primeiro passo.

Agora pegue sua marreta, ou melhor, sua caneta, e dê uma nota para o quanto cada erro a seguir está interferindo na sua vida. **Vamos começar?**

Erro 1

Transferir a responsabilidade sobre a sua vida e as suas decisões para outras pessoas.

Existe uma história que diz que todas as almas vieram da mesma fonte, do mesmo universo, mas de forma individualizada. Por algum motivo, cada um de nós tem um corpo separado. Se fosse para sermos uma coisa única e não aprendermos com essa experiência individualizada, teríamos nascido todos sem corpo físico ou todos misturados energeticamente.

Cada pessoa tem a sua vida, tem o seu aprendizado. Cada pessoa tem a sua experiência, cada pessoa vibra em uma frequência diferente. Quando você transfere ao outro as suas próprias responsabilidades e decisões, também dá ao outro o direito de interferir na sua vida, mandar em você e roubar o seu poder pessoal.

Quando faz isso, você dá uma outorga, cede um direito. "Fulano, tome as minhas decisões, assuma a responsabilidade da minha vida, mas também pode mandar em mim, pode me tratar do jeito que você quiser. Pode me tratar sem respeito."

Essa é a mensagem que o outro entende quando você não consegue se cuidar, não consegue se sustentar, não é responsável por si mesmo.

E a responsabilidade pela sua evolução e pela sua vida é sua, e de mais ninguém. Você não é responsável nem pela felicidade e nem pela dor de ninguém. E ninguém é responsável pela sua felicidade, pela sua dor.

Agora, de 1 a 10, quanto você está transferindo a responsabilidade para os outros e abrindo mão de ter as rédeas da sua vida? _____

Erro 2

Esquecer o seu propósito.

Toda pessoa que está na Terra possui uma missão genérica, que é evoluir, curar as suas inferioridades, transmutar seus medos, suas raivas e tristezas.

Você tem um propósito neste mundo. Ninguém vem para a Terra sem um propósito. Porém, nem todos têm clareza disso!

Você tem clareza sobre o seu propósito ou você não tem propósito algum? Você sabe o que está fazendo aqui na Terra ou fica divagando, navegando, à deriva? Se você se esqueceu totalmente do seu propósito e vive por viver, no piloto-automático, no melhor estilo "deixa a vida me levar, vida leva eu", dê nota 10 para esse erro. Se você tem uma noção exata do seu propósito, acha que tem clareza sobre o que fazer na vida, dê nota 0, 1, 2 ou 3. _____

Erro 3

Reclamar.

A reclamação gera substâncias viciantes em nossas células, e normalmente quem está acostumado a reclamar, não consegue mais parar. Isso mesmo: Reclamar vicia! Se você reclama muito, dê nota 10. Se reclama pouco, dê nota 3. _____

Quem reclama dificilmente vai ter autoestima ou prosperidade. Sabe por quê? Porque uma das chaves mais importantes da prosperidade é a gratidão, e quem reclama não é grato. Reclamar é como negar a própria energia da criação, a energia da vida, é como negar o Deus interior, que habita dentro de cada um de nós.

Se você reclama muito, provavelmente não vai ter prosperidade na vida, pois o fluxo de energia da prosperidade e da reclamação são antagônicos. Procure fazer uma reforma íntima e tenha atitudes positivas e de gratidão para que a sorte, a abundância e a felicidade se aproximem da sua vida.

Erro 4

Sintonia tóxica.

A sintonia tóxica ocorre quando você está conectado a pessoas e ambientes que baixam a sua vibração. Este também é um erro muito grave.

Às vezes você tenta ser feliz num ambiente, como no trabalho, por exemplo. Só que os colegas, as pessoas que estão ali só falam de tristeza, de guerra, de problemas, de discórdias. Parece que o ambiente engole você, porque ele é mais forte.

Se você estiver numa sintonia muito tóxica, dê nota 10; se estiver numa sintonia maravilhosa, dê nota 0, 1, 2. _____

Isso afeta a sua energia pessoal. Você não se sente bem no lugar, você vê que a sua energia está nociva em função de pessoas, ambientes e situações, locais que você frequenta, grupos onde está inserido. Tudo isso deixa a sua sintonia tóxica.

Erro 5

Competição.

Você compete muito com os outros, está sempre em pé de guerra, querendo ser melhor do que alguém? Pois saiba que isso é muito nocivo para a sua autoestima.

Se ficar competindo o tempo inteiro, você nunca vai conquistar autoestima e poder. Claro que não estou falando de atletas que competem em seus respectivos esportes, porque essa é a profissão deles. Estou falando de competição no dia a dia, de competição com outras pessoas. Competir na beleza, na roupa, no sapato. É desse tipo de competição que estou falando. Competição é uma das energias mais desgastantes do universo.

Se você estiver competindo muito, dê nota 10. Se estiver competindo pouco, dê nota 2 ou 3. Se não compete nunca, pode dar nota 0. _____

Erro 6

Cobrança.

Você é uma pessoa que cobra muito dos outros, mas cobra ainda mais de si mesmo? Aqui entra autoexigência também. Às vezes você é tão exigente consigo mesmo, você se cobra tanto, quer perfeição em tudo, que isso chega ao ponto de destruir a sua autoestima, porque nada nunca está bom.

Você cria um poço sem fundo dentro de si mesmo. E, de tanto se cobrar, de tanto cobrar dos outros, de tanto viver na energia da cobrança, você nunca consegue ser feliz, porque sempre podia ter sido melhor em algum aspecto.

Você entra num processo de autodestruição em função da cobrança, e a sua autoestima fica baixa. Se você se cobra muito ou cobra muitos dos outros, dê nota 10. Se você se cobra pouco, dê nota 1 ou 2. _____

Erro 7

Culpa.

Se existe uma bagagem inútil que carregamos na vida é a culpa. Porque, veja bem, ela não serve para absolutamente nada! Culpa é um sentimento que apenas danifica nossas células, nossa saúde, e nos faz muito mal.

Não é possível mudar o passado, mas podemos convertê-lo em um manual de aprendizados, pois as situações pretéritas nos dão experiência, força e maturidade.

Com o seu foco sempre direcionado para o aprendizado, em qualquer situação que você atravessar, terá mais leveza e tudo parecerá mais descomplicado, pois em qualquer situação da vida, até em uma simples ida a padaria, você extrai lições valiosas.

Você se sente muito culpado pelas coisas? Se você sente muita culpa, dê nota 10. Se você não se sente culpado de nada, dê nota 0. _____

Só que, nesse caso, você provavelmente tem algum sintoma de psicopatia, pois quem tem esses traços, não sente culpa nenhuma. Então é mais provável que sua nota fique ali pelo 3 ou 4. É bem comum sentirmos alguma culpinha... Afinal quase todo mundo sente!

Erro 8

Comparação.

Dificilmente alguém vai ter poder, confiança e segurança se ficar se comparando o tempo todo com os outros. Não fique se comparando o tempo inteiro com ninguém. Sabe por quê? Porque você é um ser único. Não existe ninguém no universo igual a você. A comparação só serve para destruir relacionamentos.

Você se compara muito com os outros? Se você se compara muito, dê nota 10. Se você se compara pouco, dê nota 1 ou 2. _____

Erro 9

Esperar por um salvador.

Isto deixa você no buraco: "Estou no buraco, mas vou ficar aqui mesmo, porque um ser de luz vai me tirar daqui um dia." Os seres de luz são muito ocupados! Pode ser que leve uns três séculos para eles tirarem você do buraco. Isso se conseguirem, porque, de acordo com o livre-arbítrio, o primeiro passo precisa ser seu. Você pode romper o véu do livre-arbítrio e decidir sair do buraco. Nesse caso, pode ser que um mentor, um ser de luz, alguém resolva lhe ajudar.

Além do mais, Deus não tem braços e pernas além dos nossos.

Você é uma pessoa muito ligada ao comodismo? Fica no sofá, no colchão ou em qualquer lugar esperando alguém lhe buscar? Ou luta para sair daí sozinho? Neste momento, não existe ninguém fazendo um plano mirabolante para lhe salvar. Só você pode se salvar. Só você pode sair desse lugar onde se colocou.

Se você fica esperando por um salvador, dê nota 10. Se você é muito independente e assumiu o rumo da sua vida, dê nota 1 ou 2. _____

Erro 10

Não pedir ajuda e acreditar que consegue fazer tudo sozinho.

Sozinhos não chegamos a lugar nenhum, e não tem a menor graça evoluir sozinho. Não tem graça nenhuma não poder contar o que está acontecendo para os seus amigos, para a sua família. Não pedir ajuda é muita arrogância, e acreditar que você consegue fazer tudo sozinho é arrogância ao quadrado.

Além disso, muitas vezes, quando pedimos ajuda a alguém, não deixamos a pessoa livre para nos ajudar. Queremos que a ajuda seja do jeito que achamos que tem que ser. Queremos que a ajuda do outro seja de acordo com aquilo que já conhecemos, que já fizemos, já sabemos.

Se você é uma pessoa autossuficiente, arrogante, dê nota 10. Se você consegue pedir e aceitar ajuda, se consegue evoluir em grupo, dê nota 2 ou 3. _____

Para evoluir, você precisa de mentores, método, treino, de sintonia elevada. Você necessita de tudo isso para conseguir sair do buraco em que se colocou, e quebrar esse muro das dores.

Agora que você já deu notas para os 10 erros, veja quais são os 3 principais, aqueles que têm as notas mais altas. Esses 3 erros são os pontos que você deve melhorar com mais urgência. É neles que você precisa focar sua atenção agora.

Os 3 erros com as notas mais altas na minha avaliação são:

1. _____

2. _____

3. _____

04

Autoimagen

O que é autoestima?

Você sabe o que é autoestima? Sim ou não? A maioria das pessoas nem desconfia o que é! Muitas acham que é ter o corpo dos sonhos ou o cabelo dos sonhos, que é ter uma vida plena e perfeita.

As mulheres, principalmente, vão muito atrás de ter uma vida perfeita em todos os aspectos, mas não é bem assim. Às vezes você sonha com uma maternidade que não existe, com um corpo inatingível, com coisas impossíveis de realizar. Nós idealizamos coisas que não existem na prática.

A verdadeira autoestima é a capacidade de se autoapoiar em momentos de crise. É muito simples: autoestima é confiar na pessoa que você se tornou e saber que, no momento de uma crise, você vai poder se ajudar. Isto é ter autoestima: simplesmente confiar em si mesmo.

A vida não é linear!

Quer ver um exemplo disso na prática? Se você for fazer um exame cardíaco, ou se estiver sendo monitorado, o que vai ver naquela telinha é uma sequência de ondas, altos e baixos, pois a oscilação é uma característica da energia da vida. Seus batimentos cardíacos estão sempre oscilando, em um fluxo e refluxo.

Então, em que momento nossos batimentos se tornam uma linha contínua? Quando morremos! Assim sendo, por que você ainda acha que a vida vai ser linear? Essa perfeição que buscamos, essa linha contínua, simplesmente não existe!

A vida é feita de oscilação, altos e baixos, ciclos, marés. O sol nasce e se põe todos os dias. A árvore nasce da semente e gera frutos, depois a semente cai no chão e gera outra árvore, que cresce e dá frutos. Tudo é cíclico no nosso planeta. Somos seres cíclicos, então as oscilações vão acontecer.

E é por isso que precisamos de ferramentas como as que apresento aqui no *Manifesto da Autoestima*, para sabermos organizar nossas emoções nesses momentos de oscilação.

Assim, autoestima é confiar na pessoa que você se tornou, é gostar da pessoa que você é, e ter condições de se autoapoiar em momentos de crise.

Quem é você agora?

Quando tinha 8 ou 9 anos, você queria ser alguém. Será que você ainda se lembra? Quando perguntavam "O que você vai ser quando crescer?", você tinha uma imagem na cabeça, imaginava ser alguém quando chegasse à idade adulta. Como era essa pessoa? Do que ela gostava? Como ela vivia? A que lugares ela ia?

E quem é você agora?

Você se tornou a pessoa que imaginava que seria quando tinha 8 ou 9 anos? Provavelmente não. Você gosta da pessoa que se tornou? Confia nela? Você faria amizade consigo mesmo? Namoraria a si mesmo? Você seria sócio de uma pessoa como você?

Talvez essas perguntas lhe tragam algum desconforto. Mas é esse mesmo o meu objetivo! Sou filósofa e adoro fazer perguntas! E tenho muitas para você. Estou aqui para lhe deixar desconfortável e mexer com a sua mente.

Então, pegue o seu caderno e responda a essas perguntas por escrito. Você, hoje, adulto, é a pessoa que imaginou que seria quando era criança? Você consegue se apoiar em momentos de crise e dizer: "Está tudo bem. Eu vou conseguir de novo. Está tudo bem. Eu vou me ajudar"? Você consegue dizer a si mesmo: "Eu vou lhe ajudar. Vamos conseguir juntos. Vamos planejar e chegar lá. Não se preocupe, vai dar tudo certo"?

E o mais importante: o que você vê quando pensa em si mesmo? Qual é a sua autoimagem? Descreva em detalhes tudo o que vê de positivo e negativo em você, desde aspectos físicos até os emocionais e mais subjetivos. Escreva tudo o que pensa sobre si.

Pare de tentar ser quem você não é

Eu tenho uma revelação bastante dura para fazer agora. Espero que você esteja preparado!

Se hoje você não é a pessoa que queria ser quando criança, é porque, em algum momento, se perdeu do caminho e começou a tentar ser alguém que você não é. Então, simplesmente pare!

Pare de perseguir o cabelo daquela modelo, a barriga de não sei quem, a bunda de fulana. Pare de perseguir essas coisas! Você é você! E é lindo exatamente assim!

Escolha ser a melhor versão de si mesmo. Faça de tudo para ser o melhor que puder e aprenda a confiar em si mesmo e saber que, no momento da crise, você vai se ajudar, se apoiar.

Prática do espelho

Chegou a hora de pegar o espelhinho.

Olhe bem nos seus olhos, sorrindo.

Agora diga:

"Eu te amo". Sorria.

Depois, diga:

"Eu te aceito". Sorria.

Em seguida, diga:

"Eu te respeito".

Sempre que sorrir, faça isso olhando nos seus olhos.

Repita para o espelho: "Eu te amo, eu te aceito, eu te respeito."

Agora diga a si mesmo: "Eu me amo, eu me aceito, eu me respeito."

Porque você é lindo!

Repita esse exercício todos os dias!

Demita o Ministério da Minhoca

Já aconteceu de você estar em algum lugar e perceber que tem alguém te olhando de um jeito diferente? E aí o que você logo pensa? "Ai, meu Deus! Será que tem alguma coisa errada comigo?".

Note que a pessoa pode muito bem estar lhe achando bonito, só que nunca é isso que você pensa! Você logo fica desconfiado e começa a achar que tem algo de errado, não é?

Sabe quem faz isso? O Ministério da Minhoca, um ambiente que paira sobre a sua cabeça e que tem a única e exclusiva função de colocar minhocas na sua mente.

Aí começam as dúvidas: "Será que estou feio? Será que meu cabelo está despenteado? Ou será a minha pele? Será que apareceu uma espinha e eu não vi?". E a cabeça vai ficando cheia de minhocas.

Às vezes não é nada disso, a pessoa nem estava pensando nada, só olhou estranho para você porque estava tentando resolver um problema e o olhar dela parou ali, naquele ponto, meio sem querer (quem nunca, não é mesmo?). Só que, em vez de termos pensamentos bons, positivos, que nos elevam, criamos minhocas na cabeça.

O fato é que nos depreciamos o tempo todo, nos xingando em muitos níveis, não só com o corpo físico. "Sou uma anta mesmo!" "Ai, como eu sou idiota!" "Ô, animal!" Nós falamos essas coisas, e o nosso corpo, a nossa aura, recebe essa vibração de depreciação, de menosprezo.

Lembre-se daquela frase de *Matrix*: "Uma palavra não é nada sem a energia que ela carrega."

Assim, se você falar "Ai, que burrinho mais lindo!", há uma vibração mais positiva. Mas, quando você diz "Ah, como eu sou burro!", as células vão receber essa vibração, essa frequência que você transmite. Sua aura vai murchando cada vez mais, e você vai ficando sem autoestima.

Autoaceitação e autoamor; aceitar a si mesmo e se amar são coisas que devem vir em primeiro lugar quando desejamos elevar nossa autoestima. Pare de se xingar! Se você parar de se depreciar e começar a se elogiar, já é um bom caminho.

Olhe para si mesmo no espelho e diga: **"Hoje eu estou arrasando! Sou linda! Uma obra de arte!"**.

Não estamos acostumados a fazer isso, e nem a fazer um carinho no próprio rosto, nos abraçar e dizer: "Nossa, como eu sou incrível!". E sabe por quê? Porque fomos educados para entender que isso é coisa do ego, que estamos querendo aparecer. Mas, nos momentos em que você estiver sozinho, comece a se elogiar. Cada vez que você for se xingar, cada vez que vier um pensamento desses na sua cabeça, tente elogiar alguma coisa que você tem de bom. Sua perna é fina? Tudo bem, porque seu rosto é lindo!

É muito importante você se elogiar, se dar amor. Na maioria das vezes, somos capazes de dar amor aos outros, mas nos esquecemos de dar amor a nós mesmos. A partir de agora, vamos nos elogiar mais e exterminar essas minhocas.

Isso aí: demita o Ministério da Minhoca!

As histórias mais perigosas que contamos a nós mesmos são aquelas que diminuem o nosso valor. Precisamos recuperar a verdade: somos criativos, divinos e dignos de amor.

O alimento das minhocas

Na maioria das vezes recebemos bênçãos incríveis do Universo e nem conseguimos agradecer, porque as minhocas que temos em nossa cabeça teimam em focar nossa energia no que está faltando para ser perfeito.

Veja o que aconteceu comigo: quando me formei em Filosofia, recebi a nota 9,8 no meu trabalho de conclusão de curso. Pois é: 9,8!

E adivinhe o que se passou pela minha cabeça? Exatamente: "Por que eu não tirei 10?".

Veja bem, em nenhum momento eu pensei como

é difícil e incrível tirar 9,8 em um TCC de Filosofia. Nem por um instante me dei parabéns, ou reconheci que consegui essa nota depois de ter escrito um trabalho complexo em apenas 4 dias.

Mas, com todas aquelas minhocas na minha cabeça, só fiquei focada naqueles 2 décimos que faltaram para eu tirar 10.

Às vezes você tem uma grande conquista e nem percebe, pois foca naquilo que é ruim. Às vezes você recebe mil elogios e uma crítica. Em qual você foca? Na crítica! E tudo isso por falta de autoestima, porque está muito acostumado a se depreciar.

Existem alguns sentimentos que são alimentos para o Ministério da Minhoca. São eles que fazem as minhoquinhas na nossa cabeça crescerem e não nos deixarem ver as coisas lindas e positivas em nós mesmos.

Por isso é muito importante fazermos uma reflexão sobre alguns pontos. Pegue seu caderno e sua caneta, e responda, por escrito, as perguntas que vou fazer agora. Todos os pontos a seguir são questões em que é necessário você pensar profundamente. Este é um momento só seu.

Para você, o que é dar limite? Dizer "não" é difícil? Estabelecer limites saudáveis, como "até aqui você pode ir, a partir daqui você está cruzando uma linha perigosa", é um desafio? Você consegue dar limites para as pessoas? Consegue se impor? Ou sempre cede, só para ser bonzinho?

_____
_____
_____
_____
_____
_____

O que é vergonha? Você prefere passar vergonha consigo mesmo, ficar calado e muitas vezes ter uma atitude antiética ou se impor, viver de acordo com a sua verdade e por causa disso correr o risco de "passar vergonha" na frente dos outros?

_____
_____
_____

Você sente culpa? Do ponto de vista dos seres iluminados, dos mestres espirituais, suas ações negativas se convertem em aprendizado. Se você se arrepende, aprende e não repete o erro, está tudo bem. Você não deve carregar a culpa por esse erro durante 30 anos. Porque 30 anos atrás você não sabia o que sabe hoje. Se soubesse, se tivesse a experiência que tem hoje, não teria cometido aquele erro. Aquele erro não é um fardo que você precisa carregar, e sim uma experiência que lhe trouxe aprendizado.

Você guarda ressentimentos? O ressentimento também está relacionado à culpa, mas agora à culpa que você atribui aos outros. De que adianta ficar carregando isso? Às vezes, no momento do erro, a outra pessoa não tinha conhecimento ou maturidade suficiente, e agiu de forma errada.

Vivemos na Terra, e nunca tivemos uma amplitude tão grande de personalidades, que vai do pior bandido até a santidade. Está tudo dentro de nós, tudo misturado no mesmo caldeirão. Ou seja, assim como tem gente boa e santa, tem gente má e mau-caráter, e muitas vezes essas personalidades santas e bandidas habitam dentro de nós.

As pessoas erram e, quando tiverem oportunidade, para se defender elas vão lhe fazer mal, só que você pode aprender a perdoar. "Ah, mas, quando eu tinha 10 anos, aconteceu uma coisa horrível." Só que agora você já tem 40 e está sofrendo há 30 anos. Já basta o que aconteceu naquela época, pois se você reviver a situação todos os dias, vai estragar sua vida inteira por algo que aconteceu lá atrás! Desapegar do passado é se libertar da culpa e do ressentimento.

Manifesto da Autoestima

_____
_____
_____
_____
_____
_____

Você sente algum tipo de desgosto? Ou tem gosto pela vida? Tem gente que se desgosta por qualquer coisa. O desgosto, que também pode ser chamado de aversão, tem um peso muito grande na vida. O que é desgosto para você? Do que você tem aversão? Livrar-se disso torna você mais forte e mais resiliente para enfrentar os problemas e situações desafiadoras.

_____
_____
_____
_____
_____

_____
_____
_____

Para você, o que é generosidade? Muita gente pensa que generosidade é se doar por completo, sem pensar em si mesmo. Mas isso é um engano. Não se trata de se doar até ficar sem nada de energia, apenas para satisfazer os desejos dos outros. Generosidade é ajudar do jeito certo, da forma correta.

_____
_____
_____
_____
_____
_____
_____

Você é capaz de perdoar? Saiba que existem muitos níveis de perdão. Um deles é quando você perdoa alguém e essa pessoa pode voltar a frequentar a sua casa. Outro é quando você perdoa, mas quer que a pessoa vá para o outro lado do mundo e seja muito feliz por lá, porque você não quer vê-la nunca mais. Perdoar nem sempre significa voltar a ter intimidade com aquela pessoa, mas reinterpretar a situação, convertendo-a em aprendizado. O que é perdão para você?

_____
_____
_____
_____
_____
_____
_____

Você costuma guardar mágoas? Será que isso vale mesmo a pena? Não seria melhor ceder, ter uma boa conversa com aquela pessoa, abrir mão desse sentimento e resgatar o que vocês tinham de bom?

_____
_____
_____

O que é raiva para você, no seu contexto? Até que ponto a raiva o afeta?

_____
_____
_____
_____
_____
_____
_____

E a frustração? Até que ponto a frustração o afeta?

_____
_____
_____
_____
_____
_____
_____

O que é dor para você? Qual é a definição de dor que você tem na sua mente?

_____
_____
_____
_____
_____
_____
_____

> Para saber o significado de todas essas coisas, mostre para a vida que você está curioso para descobrir quais são as histórias que existem dentro da sua cabeça. Aquelas histórias criadas pelo Ministério da Minhoca e que envolvem todas estas coisas: raiva, frustração, dor, desgosto, generosidade, perdão e mágoa. Tudo isso são os alimentos das minhocas! Você deve identificar de que alimentos as suas minhocas vivem e depois cortar o suprimento delas!

Que histórias você conta para si mesmo? Que histórias você conta para os outros para justificar e validar a sua história como um todo?

Um conselho que dou é que você se mantenha curioso diante da vida. Se continuar curioso e aberto, o Universo lhe mostrará. Diga: **"Universo, pode me mostrar, porque estou curioso. Eu quero saber."** E depois abra sua mente, porque você vai ficar surpreso com quantas histórias mentirosas contava para si mesmo para justificar e mascarar seu modo de viver...

O primeiro princípio da Filosofia e da Radiestesia é: "Se o Universo não respondeu, é porque você não perguntou." A partir do momento em que você fizer a pergunta, a resposta virá. Pergunte para o Universo, pergunte para a vida, para a energia da vida.

Boas perguntas para fazermos ao Universo:

♥ O que mais eu preciso aprender e entender sobre esse medo que estou sentindo?

♥ O que mais eu preciso aprender e entender sobre essa raiva?

♥ O que mais eu preciso aprender e entender sobre essa pessoa?

♥ O que mais eu preciso aprender e entender sobre essa situação?

♥ O que mais eu preciso aprender e entender sobre o meu trabalho?

♥ O que mais eu preciso aprender e entender sobre o meu chefe?

Seja curioso! Sabe por quê? Porque quando deixamos de ser curiosos, é como se a vida parasse, pois não há mais novidades. Vem a apatia, o conformismo e a mesmice!!! A criança está sempre curiosa para aprender, para descobrir coisas novas. Assim, mantenha-se sempre curioso para aprender e descobrir mais sobre si mesmo.

Além disso, as histórias que o Ministério da Minhoca criou na sua cabeça envolvem outras pessoas. O que mais você precisa aprender e entender sobre essas pessoas? O que mais você precisa aprender e entender sobre si mesmo?

Vamos pegar o espelhinho?

Olhe nos seus olhos e diga:

"O que mais eu preciso aprender e entender sobre mim mesmo?", e fique se olhando.

"O que mais eu preciso aprender e entender sobre mim mesmo? Universo, me responda." Talvez a resposta já venha agora mesmo. Esteja sempre curioso, e com sua mente povoada de perguntas.

O Eu Personagem

Todos nós temos um Eu Superior e um Eu Inferior. O Eu Inferior é o nosso Eu Personagem, um ator que se comporta de acordo com o que o mundo externo exige. E o Eu Personagem sempre quer coisas diferentes daquilo que seu Eu Superior ou Eu Real deseja para você.

Mas, afinal, o que é o Eu Personagem?

O Eu Personagem é como se fosse seu ego negativo querendo lhe dominar. Por mais que você queira ter autoestima, confiança, plenitude, você só decide 5% daquilo que deseja de forma consciente. Os outros 95% vêm da sua força do inconsciente, que é o seu paradigma, formado pelas crenças que você tem em relação a si mesmo e à vida. Eles se baseiam nas crenças que você tem sobre sua aparência, seu corpo, quem você é, o que os colegas da escola falavam sobre você, o que os amigos dizem sobre você. Tudo isso são crenças que lhe fazem acreditar que você é uma pessoa que não é de verdade. Esse é o seu Eu Personagem. É ele que vai jantar com os amigos, que tem determinado comportamento na mesa do bar. Quando você chega em casa e se olha no espelho, ali é você de verdade, é você consigo mesmo, seu Eu Superior mostrando a verdade nua e crua.

O Eu Personagem tenta lhe boicotar. Ele é aquela pessoa certinha que quer viver em sociedade, e que se submete às coisas mais terríveis para ter *status* e reconhecimento. Mas, como eu já disse, existe um herói escondido aí dentro, que pode ser liberto.

Nosso "jogo dos 7 erros"

Existem 7 armadilhas que as pessoas sem poder e sem autoestima caem frequentemente. Eu vou apresentá-las a seguir e, para cada uma delas, gostaria que você desse uma nota de 1 a 10. Quanto mais você cair na armadilha em questão, maior será a sua nota. Se for uma armadilha que você não cai com muita frequência, então sua nota será menor. Assim você vai perceber quais armadilhas estão lhe aprisionando.

Então vamos ao nosso "jogo dos 7 erros"?

1. Você vive para satisfazer os outros? Se colocar 10, é porque você só vive pelos outros. Se colocar 1, é porque você não está caindo nesta armadilha.

2. Você se compara com os outros o tempo inteiro? A comparação é um vício que destrói a nossa autoestima. "Eu não tenho o mesmo carro da fulana.

Ah, mas eu não ganho o mesmo salário da fulana." Essas conversas mentais, essas minhocas que habitam nossa mente, trazem a comparação. O que muitas vezes não entendemos é que essa vontade de se padronizar não é uma vontade do nosso Eu Superior, mas algo que foi aprendido, que foi incrustado em nosso dia a dia como algo bom. Porém, somos incomparáveis porque somos únicos. Cada vez que você se compara a alguém, sua autoestima começa a morrer aos poucos.

3. Você faz compras para preencher um vazio existencial? Acaba desenvolvendo uma compulsão por consumo, para preencher com coisas o que poderia ser resolvido com autoconhecimento e desenvolvimento pessoal?

4. Você acha que é um ser material que um dia vai passar por uma experiência espiritual? Ou será que você é um ser espiritual vivendo uma experiência material neste momento, por uma temporada?

5. Você vive focado nas críticas? Vive se criticando e criticando todo mundo?

6. Você é inseguro? Leva muito tempo para tomar pequenas decisões?

7. Você não tem "boca" para nada? Essa é uma das maiores armadilhas na conquista da autoestima. "Ah, eu sou quietinho, parece que nem tenho boca." Se você não tem boca para nada, nem para se defender, você não consegue superar os problemas ou vencer os desafios. Ter voz e se fazer ouvir é fundamental na conquista da autoestima, pois assim você se torna uma pessoa respeitada pelos demais. Muitas vezes calamos nossa voz, para sermos aceitos e amados. Mas quanto custa ser aceito? Porém, não se calar exige tempero e ponderação, pois o maior problema de não se calar é conseguir ter discernimento para equilibrar essa equação de boca aberta e boca fechada! 🤐 Porque muitas das pessoas que não se calam, costumam pender para a outra extremidade dessa polaridade, e podem tornar-se grossas e agressivas. "Ah! Eu sou sincero!" Esse é um eufemismo que está na moda. Para não dizer que é grossa, a pessoa fala que é sincera e sai vomitando a vida em cima de todo mundo. É necessário ter equilíbrio e polidez, pois comunicar o que nos desagrada é uma arte que precisa de treino e evolução. Lembre-se sempre que a comunicação é um dos maiores desafios da humanidade.

Marque os seus pontos mais recorrentes, porque assim você vai ter um mapa das armadilhas que mais lhe aprisionam. Agora é a hora da sua mudança, você já está quase pronto para sair do casulo e começar a transformação. Vamos fazer as malas para abandonar o mundo da *Carenciosfera* e entrar no planeta da *Poderosfera*.

É muito importante fazer esse mapeamento de onde você está, porque é quase impossível dar a volta por cima quando estamos fugindo.

Se você tem dificuldade de encarar o espelho e de olhar nos seus olhos, provavelmente você está fugindo de si mesmo. Você pode encarar com coragem quem você é de verdade. Se você fugir de si mesmo, passando panos quentes ou tapando o sol com a peneira, continuará preso na mesma situação, aprisionado pelos grilhões da sua consciência.

É necessário encarar-se, frente a frente, olhando nos seus próprios olhos. É assim que resolvemos os problemas: enfrentando-os honesta e corajosamente, e não varrendo a sujeira para baixo do tapete.

Pare de fugir, de correr, sente-se e olhe para si honestamente. Olhe para as armadilhas que você mesmo está criando, para o que não lhe agrada, para a pessoa que você é. A partir daí, marque um ponto zero de mudança para iniciar seus movimentos de transformação.

O preço da perfeição

Tenho uma novidade para lhe contar, e ela pode ser libertadora. Preparado?

Você não precisa ser perfeito!

Em primeiro lugar, a perfeição não existe. Ela é apenas uma desculpa que o seu orgulho inventou para que você possa procrastinar. Isso mesmo: o perfeccionismo nada mais é do que o orgulho disfarçado. Você é tão orgulhoso que não suporta a ideia de cometer erros, ou melhor, não suporta a ideia de que alguém testemunhe seus erros.

É preciso vencer isso, e proponho que você faça um exercício sempre que puder. É o seguinte: você vai se premiar com uma medalha cada vez que for imperfeito. São 3 medalhas, você pode escolher o que quiser.

Manifesto da Autoestima

1. "Eu não sou perfeito"

2. "Eu cometo erros, sim"

3. Crie a 3ª medalha

Aliás, se preferir, pode até mudar as duas primeiras. O importante é que você pegue 3 situações que hoje lhe deixam muito constrangido e premie-se por ser imperfeito!

A aceitação de que não somos perfeitos torna a vida mais leve, feliz e descomplicada.

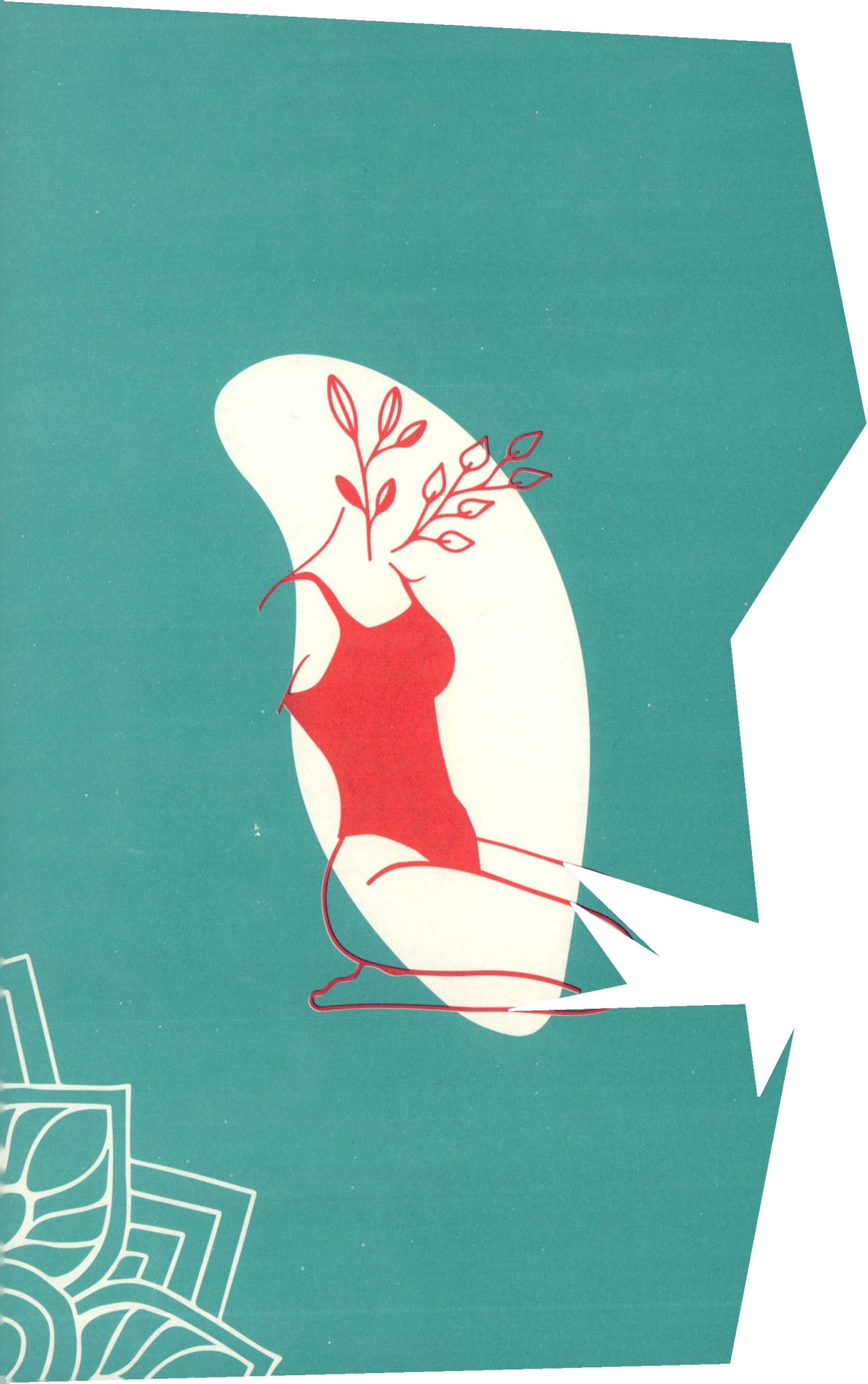

05

Autoestima e seu corpo

Como já citei anteriormente, faz muitos anos que procuro alguém que se olhe no espelho e não encontre nenhum defeito. E acontece que essa pessoa simplesmente não existe!

A vida inteira fomos bombardeados com as imagens idealizadas pela mídia e isso nos fez focar muito na forma do corpo, e não na funcionalidade. Você não gosta do seu braço porque ele é gordinho, fino demais ou então porque é flácido. Mas, se ele funciona, se movimenta bem e faz tudo que você precisa, ele é tudo de que você precisa. Quando se tratar do seu corpo, direcione seu foco para a funcionalidade, no que aquela parte do seu corpo é capaz de produzir e seja muito grato se tudo funcionar. Expresse amor e gratidão por tudo o que seu braço produz de bom, pelas alegrias que lhe proporciona, e deixe a forma de lado. Aceite a forma que ele tem e, claro, se você quiser procurar meios para melhorá-lo com exercícios, tratamentos, dieta, tudo bem, vá em frente! Mas sempre expressando gratidão pelas coisas incríveis que ele produz todos os dias! Esse é um dos maiores segredos da autoestima: desafiar-se, procurar melhorar, mas sempre expressando amor, afeto, carinho e gratidão por tudo o que você já conquistou. Por exemplo, se você está no meio de um processo de emagrecimento, deve sim focar no resultado que você está buscando, mas lembre-se sempre de agradecer pela sua conquista, pelos quilos que já eliminou e pela qualidade de vida que conquistou! Essa é a *vibe* da autoestima! Não se dar por satisfeito, estar sempre em busca do melhor, porém sendo grato pelas conquistas já alcançadas.

Quando vejo mulheres lindas e homens perfeitos se depreciando, isso sempre me toca muito, pois lembro dos atletas paraolímpicos lutando para praticar seu esporte, superando suas limitações físicas.

Alguma vez você já parou e refletiu que tudo o que algumas pessoas queriam na vida era ter uma perna, e você está aí com as duas, perfeitamente funcionais, e se permite ficar largado em um canto, reclamando da vida?

Às vezes, tudo o que uma pessoa queria era o dom de enxergar ou de ouvir. E você está aí, com o seu corpo saudável – você tem dois braços, duas pernas, a cabeça alinhada sobre o pescoço, você enxerga, ouve, respira... **você é tão abençoado!**

E está aí insatisfeito com os detalhes, com uma pequena ruga na testa, porque não atingiu a perfeição irreal e impossível que a mídia nos impõe.

Algumas pessoas levam isso ao extremo e recorrem a cirurgias plásticas para corrigir os "defeitos". Veja bem, não tenho nada contra cirurgias plásticas e inclusive se um dia eu sentir necessidade, farei.

Claro que existem cirurgias corretivas que trazem a autoestima de volta, e eu sou super a favor desse tipo de intervenção, porque acredito que todos devem procurar se sentir bem e muitas vezes uma cirurgia resgata a pessoa novamente para a vida. Não estou aqui advogando contra as cirurgias plásticas nem contra os procedimentos estéticos. **Estou falando dos exageros e de pessoas que buscam as cirurgias para corrigir sua autoimagem.**

Você certamente conhece pessoas que exageraram na busca pela perfeição física, se não pessoalmente, conhece ao menos os casos de pessoas famosas. Podemos citar aqui, o exemplo clássico de Michael Jackson. Ele sofria com a distorção de sua autoimagem. Se via de um jeito que não gostava, e foi ao extremo em busca de uma imagem que ele criou em sua mente.

Manifesto da Autoestima

Como tinha condições financeiras, ele investiu muito dinheiro nessa mudança, só que era possível perceber, em seu olhar, um grande sofrimento.

A falta de aceitação gera muito sofrimento, e nenhuma cirurgia plástica ou bisturi vai conseguir mudar a sua autoimagem. Se você tem algo fixo na sua mente e se enxerga de uma forma distorcida, não é uma cirurgia plástica que vai corrigir isso, mas a mudança dos seus pensamentos e paradigmas. Esse equívoco leva algumas pessoas a acharem que a autoestima está no corpo físico e a exagerarem na busca pela perfeição.

Às vezes a pessoa quer uma transformação positiva, porque imagina – lá no seu Ministério da Minhoca – que vai ser mais aceita, mais amada pelos outros. Ela quer aparecer para os outros, se exibir, mostrar que está bonita, com tudo em cima e tal, e acabam acontecendo esses acidentes de percurso. No final das contas, a pessoa fica bem pior do que estava, porque percebe que o preenchimento do vazio existencial não está na cirurgia ou tratamento estético.

É importante termos muito discernimento e equilíbrio, para não cairmos nessas armadilhas, porque tudo isso é uma armação do nosso Eu Personagem. É o Eu Personagem imaginando que você vai ser mais aceito, mais amado, se tiver um nariz menor ou uma boca maior. Sinceramente, as pessoas não estão nem aí para o seu nariz ou sua boca. Na maioria das vezes, ninguém está nem aí para a sua imagem. O que as pessoas querem é ver o brilho da sua alma, da sua energia, das suas células vibrando. É isso que as pessoas buscam. Elas buscam energia, alguém com poder. E o poder não vem de uma cirurgia, mas do equilíbrio da sua energia.

Além do mais, a grande maioria das pessoas tem uma beleza mediana, e isso é bom!

Se você for considerado lindo demais, vai ter trabalho, e se for considerado muito feio, também vai ter trabalho. Então, o ideal é ficar na média, porque a maioria das pessoas é mais ou menos bonita. Elas não são lindas demais nem feias demais. São normais!

Será que você é uma pessoa normal que está se achando feia porque tem padrões de beleza inalcançáveis que você observa e quer para si? Pergunte isso a si mesmo.

Mas afinal, o que é feio e o que é bonito?

O conceito de feio e bonito varia muito de uma pessoa para outra. Na minha visão, uma pessoa feia é alguém que agride e humilha as outras pessoas para se sentir melhor, alguém com um ego excessivo, que fica se vangloriando o tempo todo, que quer ter sempre razão. Ela pode ser linda da cabeça aos pés, mas se não tiver uma boa conversa e bom coração, na minha opinião, ela é feia.

Esse corpo é seu e você é quem manda nele. Sabia?

Da mesma forma que você não deveria se submeter a uma cirurgia apenas para tentar ser aceito pelos outros, também não deveria deixar de fazer coisas – inclusive com sua aparência – por medo da reprovação alheia.

Provavelmente você tem muitos sonhos que não estão sendo realizados por comodismo, e isso acaba lhe deixando frustrado, sem força, sem crédito em si mesmo. Muitas pessoas deixam de usar um piercing no nariz por medo das críticas. O nariz é seu. Qual é o problema da crítica?

Coloque o que quiser e seja dono do seu nariz.

Quando você deixa de pintar o seu cabelo ou sua unha com as cores que gosta, apenas para agradar alguém, você acaba se descaracterizando, deixa de ser autêntico e vive apenas para atender às expectativas alheias. 🖍️

Exercitando a Autoestima

Escreva aqui 3 coisas que você deixou de fazer pensando na opinião dos outros:

1. _____
2. _____
3. _____

Por exemplo, você queria muito pintar o cabelo de verde, mas sua avó iria enfartar e morrer se visse seu cabelo assim, por isso você desistiu. Você gostaria de fazer uma tatuagem que cobrisse as costas inteiras, mas sua mãe ia surtar, então você não fez. Pense em coisas que você gostaria de fazer, mas acabou não fazendo por causa de outras pessoas.

É muito comum que pessoas acima do peso se escondam na praia, e não usam sunga ou biquíni por vergonha. 🫤 Qual o problema de você usar um biquíni? Atualmente estou acima do peso e já estive com 30 kg acima do meu peso atual. Eu sei o que é isso. Eu sei o que temos que enfrentar, principalmente quando é uma praia cheia de modelos desfilando. Mas esse é o seu corpo, e independentemente das suas ações, ele está sempre com você, pra lá e pra cá, sendo o receptáculo da sua alma e carregando seus aprendizados. 💞 Amá-lo é quase que uma obrigação da sua parte! Devemos muito ao nosso corpo, pois é ele que possibilita a nossa jornada sobre a Terra.

A felicidade mora no momento presente

Algo que escuto muito dos meus mentorados e alunos, é que quando tiram uma foto, não ficam felizes com o que veem, e isso é apenas um problema de autoaceitação, pois meses ou anos depois, passam a gostar dessa mesma foto, e se acham bonitos. Existe uma epidemia mundial de insatisfação que não permite que sejamos felizes no presente. Nunca estamos satisfeitos na hora com nosso peso. Nunca está perfeito, e essa eterna insatisfação faz com que nunca estejamos "preparados" para fazer uma foto perfeita, e com isso não conseguimos sentir a felicidade agora... A felicidade é algo que sentimos depois, ao recordar os momentos que passamos, revisitando nossas memórias felizes.

Cultivando a premissa de sentirmos a felicidade agora, no presente, nos aceitamos, nos amamos, exatamente do jeito que somos, nos tornamos mais leves, tolerantes, ponderados e compreensivos! A vida circula, se movimenta e não deixa de seguir para você ser feliz! Essa é uma arte que podemos desenvolver em nosso dia a dia, cercando nossa vida apenas de coisas, pessoas e situações que nos trazem alegria.

Então, se você tem problemas para usar um biquíni, ponha o biquíni agora. 👙 Vá para a frente do espelho com o biquíni e diga: "Eu me amo, eu me aceito, eu me respeito." Encare o espelho e diga: "Eu te amo, eu te aceito, eu te respeito." De biquíni, bem plena. Hoje mesmo. (Vai lá. Pode parar a leitura aqui e retomar depois. Eu e este livro não vamos a lugar nenhum sem você!)

Quando você se aceitar plenamente, as outras pessoas não vão lhe julgar. Eu ando tranquilamente de biquíni na praia ou na piscina e realmente não estou nem aí para o que os outros estão pensando. Já venci isso. Se você não se julga, as outras pessoas não se sentem no direito de lhe julgar. Você só é julgado pelos outros quando dá autorização para isso através das suas próprias inseguranças e desconfiança; a sua postura, jeito de caminhar e seu olhar demonstram sua autoconfiança ou insegurança.

Hoje eu já superei, mas faz poucos anos que me aceitei completamente. Passei muitos anos da minha vida sofrendo com o que os outros poderiam pensar a meu respeito. Imagine só! Décadas sofrendo com o corpo porque estava acima do peso, sem querer ir à praia, com vergonha de ir à piscina. Quantos convites maravilhosos de festa na beira da piscina você já recusou por medo, por vergonha? E, se não fosse essa bobagem, o quanto poderia ter aproveitado, ter conhecido gente legal?

Tudo é uma questão de energia. Se você se aceita, as outras pessoas também vão aceitá-lo. Na verdade, as outras pessoas não estão muito preocupadas com você. Elas estão lá, envolvidas consigo mesmas, com seus próprios problemas. Elas vão lhe aceitar se você tiver mais amor por si mesmo. A autoestima vem da capacidade de você se aceitar, do jeito que você é.

Construção da autoestima

Há alguns anos, estive em Cartagena, um lugar lindo, maravilhoso e colorido, aonde eu nunca tinha ido, e só conhecia pelas falas de Tom Jobim, que gostava muito de lá. Não sei se foi o clima da Colômbia, da viagem ou se foi o lugar realmente inspirador, mas o fato é que eu estava me sentindo muito bonita naquele lugar.

Vesti um maiô branco e uma saída de praia linda e pedi para o meu marido fazer umas fotos minhas na beira da piscina do hotel. Acredite: as pessoas me olhavam com uma cara de julgamento horrível, como se o fato de eu estar acima do peso não me credenciasse para tirar fotos na beira da piscina. Havia umas mulheres bem magras, e elas me olhavam de rabo de olho, horrorizadas e rindo, como se pensassem: "Por que ela acha que pode tirar foto na beira da piscina?".

Essas situações acontecem o tempo todo, em vários lugares do mundo! E as pessoas, mesmo magras, bonitas e bem-vestidas são tão inseguras, que quando veem alguém fora do padrão se desafiar e ter uma atitude como a minha, sentem-se ameaçadas, e para se defender de suas próprias inseguranças, julgam, apontam, ridicularizam, porque não sabem fazer de outra forma! Foram criadas e ensinadas assim, infelizmente!

E eu no meio dessa situação toda? Lamento pelo julgamento, mas eu estava me sentindo maravilhosa, e por isso queria tirar fotos bonitas e lamento que elas estivessem achando ruim. Cada pessoa desenvolve uma ótica a partir de seu conjunto de crenças, do seu paradigma. E cada um usa as lentes que tem, a partir de um ponto de vista único. Eu não estava cometendo nenhum ato ilícito, e já que paguei o hotel do mesmo jeito que elas, e a piscina era coletiva, resolvi aproveitar aquele momento, me libertando de crenças que me aprisionaram a vida inteira. Eu estava lá tirando fotos, e o meu marido estava bem feliz também, fazendo minhas imagens. Que ficaram incríveis, por sinal! Se incomodei alguém, só posso lamentar por elas! Mas não iria abrir mão de viver a minha felicidade naquele momento em função das lentes equivocadas das outras pessoas...

Essa história de achar que autoestima é ter um corpo de modelo ou poder estar numa capa de revista não é real. Autoestima é confiança! Eu estava lá posando para minhas fotos e realmente não estava nem aí para o que aquelas pessoas com cara de nojo estavam pensando. O que elas pensam é o ponto de vista delas. Se acham feio ou ofensivo é bem simples: basta não olhar.

Mas para que eu chegasse nesse ponto de aumentar absurdamente a minha confiança, foi necessária uma construção. O *Manifesto da Autoestima* não é apenas um livro, mas um processo que precisa ser construído. Depois da queda do muro das dores, se inicia a construção da sua autoestima. Quando fazemos uma reforma em nossa casa, às vezes se faz necessário derrubar uma parede para levantar outra, e tudo isso gera trabalho, desgaste, estresse, sujeira... Mas quando fica pronto, tudo na vida melhora. Porém, na obra da autoestima os tijolos são cor-de-rosa: feitos de confiança, amor, luz, paz, criatividade, harmonia, bons relacionamentos, sorte. É isso que vamos construir, e a cada momento você vai se amar mais e mais, e uma linda pessoa nova vai nascendo dentro de você a cada dia.

Não é de uma hora para outra que você vai se sentir seguro para tirar a roupa na frente de pessoas estranhas, mas é um processo de construção para você se sentir à vontade em primeiro lugar consigo mesmo. Principalmente porque às vezes as pessoas o acham lindo e você se acha feio. Seu pior juiz é a sua consciência cheia de paradigmas e crenças depreciativas que em nada lhe ajudam e apenas lhe colocam para baixo.

Mulheres, muita atenção!

Todas nós, mulheres, temos o arquétipo da loba selvagem. Só que, ao longo dos séculos e da nossa trajetória aqui na Terra, esse arquétipo selvagem foi castrado, cortado, suprimido... As mulheres foram domesticadas ao longo do período em que a supremacia masculina se instaurou.

O ser humano é um bicho que pensa e raciocina, e é isso que nos diferencia dos outros animais. Nosso lobo frontal é mais desenvolvido do que nas outras espécies. Mas o nosso lado instintivo é idêntico ao dos animais selvagens. A loba é caçadora, é ela que vai atrás da comida, que leva o sustento para a família, cuida dos filhotes, ela que dá conta de muita coisa porque é geneticamente programada para isso.

As mulheres têm uma programação genética. Mas, como fomos emocionalmente castradas, nosso poder foi sendo tirado ao longo de séculos. Fomos domesticadas e acabamos acreditando e nos conformando com o que os outros dizem.

A maioria de nós, mulheres, precisa dar conta de muita coisa, ter força interior para resolver várias tarefas ao mesmo tempo. Nossa ancestralidade é programada para isso. Só que, quando você se esquece de quem você é, quando se desconecta desse arquétipo, você fica "mimizenta", e assim perde a sua autoconfiança, parte para os psicotrópicos, ansiolíticos e antidepressivos, fica para baixo, se joga no buraco, e sua autoestima vai por água abaixo.

Você precisa apenas se reconectar ao seu arquétipo selvagem, à loba que mora dentro de você.

Quando a mulher é tolhida, castrada, impedida, domada, dominada, ela deixa de ser quem é em essência e perde o brilho, fica com o olhar opaco, infeliz, e começa a achar que é a estética que vai trazer felicidade, que é o cabelo, a roupa, a bolsa, o sapato, ou então, uma cirurgia plástica. Então ela se olha no espelho e diz: "Se a minha bunda fosse maior, eu seria feliz." "Se o meu nariz fosse menor, eu seria mais feliz." A mulher começa a distorcer a própria imagem, perde o foco de sua autoimagem e se esquece da sua missão, das suas funcionalidades e qual é seu papel essencial no mundo.

A castração do nosso instinto começa muito cedo, porque, como eu falei, a escola é um lugar cruel, o mundo é um lugar cruel que nos diminui, constrange e apavora. 🥺 Às vezes, você é até bem tratada pela família em casa, mas, quando vai para a escola, descobre que o mundo é cruel, porque as outras crianças também têm pais e, dependendo de como são educadas, elas levam a crueldade dos pais para dentro da escola, em forma de *bullying*. Hoje esse assunto está em voga, mas e antigamente, em um mundo em que ninguém sabia o que era *bullying*? Nos virávamos do jeito que era possível, muitas vezes sendo agressivos, ficando na defensiva, ou se calando, aceitando as maldades.

Hoje, com toda a informação que nos é disponibilizada, e com a representatividade operando nas redes sociais, podemos nos fortalecer e dizer chega aos abusos que nos orbitam. Hoje é possível pedir ajuda, se defender e resolver as questões que nos amedrontam, por maiores que elas possam parecer.

A Melissinha que vem com a pochetezinha

Quem nasceu nos anos 1970 ou início dos anos 1980 vai se lembrar da Melissinha que vinha com a pochetezinha. Provavelmente as mulheres que têm por volta de 40 anos se lembram bem dessa sandália infantil, que foi uma febre no início dos anos 1980.

O ano de 1985 foi muito difícil para a minha família. 😢 Foi o ano em que aconteceu uma tragédia e meu irmão faleceu em um acidente de carro junto com sua namorada. Minha mãe já tinha perdido uma menina antes de eu nascer. Meu irmão era bem mais velho do que eu, pois nasci fora da época normal, sou temporã. Então eu era uma criança no meio de uma família só de adultos passando por uma crise terrível.

As coisas estavam muito difíceis na minha casa, meus pais ficaram apáticos, catatônicos e depressivos durante meses. Se eu não fizesse comida, eu não comia; se eu não penteasse os cabelos, ficava despenteada; se eu não fosse para a escola, ninguém ia me levar. Então eu tive que aprender a ser adulta com 8 anos de idade. Além de perder o irmão que eu amava, meus pais me abandonaram emocionalmente, porque estavam vivendo a dor deles. Eu estava dentro daquela casa, mas parecia que morava sozinha, porque a minha mãe ficou chorando durante meses, muito mal, e meu pai também. Não tínhamos família por perto, então tivemos que nos virar sozinhos.

Não estou falando isso aqui para me vitimizar, não é nada disso. Só estou contando para vocês onde foi que o meu instinto, o meu arquétipo selvagem, começou a ser castrado.

Minhas outras irmãs já eram casadas, tinham suas casas, não moravam com meus pais. E eu via na televisão a propaganda da Melissinha que vinha a pochetezinha e ficava encantada com aquela propaganda.

Achava linda! Um belo dia, uma das minhas irmãs, para diminuir o meu sofrimento, para amenizar um pouco aquela dor, apareceu com a Melissinha que vinha com a pochetezinha de presente para mim! Chegou com aquela caixa linda, cor-de-rosa. Quando tirei a Melissa de dentro da caixa, senti aquele cheirinho de chiclete, aquela coisa deliciosa.

A Melissa, a sandália, era igual a todas as outras. O que era incrível era a pochete, porque era ela que dava um charmezinho na cintura.

Eu era grande para uma criança, sempre fui bem grandona. Aos 12 anos, já tinha a altura que tenho hoje, mais ou menos o corpo de hoje. Então, com 7, 8 anos, eu já era uma criança de tamanho acima da média.

Bem, eu calcei a Melissa no pé, e ficou linda.

Mas, quando fui colocar a pochete na cintura, o cinto nem encostou uma ponta na outra, ficou faltando um tantão para fechar. Eu era gordinha, tinha uma barriguinha, e o cinto não fechava. Eu me lembro até hoje de como apertei a barriga e respirei fundo para ver se fechava. E depois desandei a chorar, chorar, chorar. 🥺

"E agora?", perguntei. E minhas irmãs me disseram que aquele era o maior tamanho que tinha na loja. Eu não era do padrão das outras meninas. Foi ali que vi que era uma pessoa diferente, me senti uma aberração, me senti anormal. Porque as minhas amiguinhas que já tinham a Melissinha que vinha com a pochetinha estavam todas com a pochete na cintura, todas na moda, tudo bonitinho, e eu só com a Melissinha no pé.

Eu chorei, chorei, chorei, chorei. E o meu pai, uma pessoa muito simples, com seu jeito gauchão, disse: "Espere aí que eu vou resolver esse negócio!" Ele tirou o cinto de plástico da Melissinha, pegou um cinto preto de adulto e o passou por dentro da pochete. Depois, colocou na minha cintura e disse: "Está resolvido, agora você pode ir para a aula com a sua pochete."

Eu fiquei superfeliz porque, na minha cabeça de criança, meu pai tinha resolvido o problema. Fui para a aula com a pochete no cinto preto.

Quando cheguei na escola, todo mundo começou a me zoar. "Olha a gorda! Teve que trocar o cinto da pochete! Olha que ridícula! Que baleia! Olha a rolha de poço com a pochete na cintura!"

Esse é o tipo de coisa que pode acabar com a vida de uma pessoa. Foi ali que comecei a me sentir uma aberração, me senti sem lugar no mundo, e muitos dos meus sonhos se destruíram. 💔

Naquela época, o sonho de 9 entre 10 meninas era ser paquita da Xuxa. Um dia eu falei para alguém na escola que queria ser paquita, e a pessoa comentou: "Você? Gorda e morena? Nunca vai ser paquita!" Essas coisas marcam a ferro e fogo a nossa alma.

No dia do caso da pochete, cheguei em casa chorando, desesperada, e o meu pai se sentou comigo. O meu pai era muito, muito simples, uma pessoa de fazenda, que cuidava de cavalos, mas tinha muita sabedoria e maturidade, então se sentou comigo, naquele momento, me olhando nos olhos, e disse assim: "Você é uma Cândido." Ele sempre falava isso. "Você é uma pessoa forte e não vai se deixar abater por isso, por um monte de gente fraca que está tirando sarro de você. Essas pessoas que tiram sarro de você talvez nem tenham o que comer em casa, por isso elas têm inveja, porque você leva bolo de chocolate na merenda. Para de chorar agora! Você vai parar de chorar, porque você precisa aprender a resolver os seus problemas. Eu não vou viver para sempre, eu não sou eterno, e você precisa aprender a resolver as coisas. Um dia você vai crescer e, quando eu não estiver mais aqui, vai chorar para quem? De um jeito ou de outro, você vai ter que resolver! Então já comece resolvendo agora. Amanhã, quando chegar na escola, você vai falar com essas pessoas, vai dar limite para elas e vai dizer quem você é de verdade e vai exigir respeito. Porque você merece ser respeitada."

Foi naquele momento que eu aprendi a resolver os meus problemas, dar limites às pessoas e exigir respeito. E continuei indo com a minha pochetezinha, mesmo com o cinto preto, porque eu gostava dela, porque tinha cheiro de chiclete e, mesmo que eu não estivesse dentro dos padrões, tudo bem! Todo mundo tinha o cinto da cor da pochete, o meu era diferente.

E isso fez eu me estabelecer como uma pessoa que transitava em todos os grupos na escola, até adolescente, adulta, até na faculdade eu fazia parte de todos os grupos e não me deixava influenciar por nenhum, porque sempre fui diferente, respeitando a minha personalidade. Tinha o grupo das "patricinhas" e eu estava lá, mas também transitava no grupo dos "nerds", dos "bagunceiros", sentava no fundão da sala. Eu estava em todos os grupos, mas não fazia parte de nenhum, e isso me ensinou a ser universalista. Hoje eu não tenho religião, eu transito entre todas elas sem me ligar a nenhuma.

O bom é você procurar aprender sobre tudo e, às vezes, o que lhe dá esse poder é justamente ser diferente.

Um tempo atrás lançaram uma versão para adultos da Melissinha que vinha com a pochetezinha. E comprei e coloquei na minha cintura no quinto furo do cinto e ressignifiquei isso, mais de 30 anos depois. Sem cinto preto! Hoje eu consigo usar o cinto vermelhinho da cor dela, e ainda sobram 4 furos!

A vida sempre dá um jeito de ensinar, abençoar e ressignificar. Então eu ressignifiquei a minha história, curei a minha alma com essa história da Melissinha. Fiz as pazes comigo mesma.

Quando era criança, eu era gordinha, e ser gordinha era horrível, as pessoas zoavam, mas ninguém me ajudava a emagrecer, ninguém dizia o que eu podia fazer para mudar. Só ficavam caçoando de mim, me chamando de gorda, aquela coisa toda. Foram anos muitos difíceis. A minha infância não foi nada fácil. Muito pelo contrário.

Só que eu aprendi uma coisa: não podemos ficar nos queixando. Precisamos resolver o problema, e eu não quero que você passe pela situação que eu passei com a Melissinha. Não quero que você seja uma pessoa mal acostumada, que têm alguém que vai resolver tudo porque você não tem ação, não tem atitude, não consegue resolver seus próprios problemas.

O efeito Berenice

Foi naquele momento, aos 8 anos de idade, que decidi ter um mentor. E escolhi a Berenice. Ela era a melhor amiga da minha mãe e acho que continua sendo até hoje. A Berenice agora mora em outra cidade, mas sei que elas se visitam de vez em quando.

Berenice era uma mulher muito bonita, empoderada, alta, tinha um restaurante, decorava festas, era divorciada e sabia de muitas coisas. Era uma pessoa que eu admirava. Parecia que ela era aquela pessoa que tinha uma solução para tudo, e eu me espelhava nela. Nós íamos na casa dela, que era linda, e eu a via fazer coisas maravilhosas, aqueles tabuleiros de bolo decorado, tudo incrível. Além disso, ela dirigia seu próprio carro! (Onde eu morava, era raro mulheres dirigirem naquela época.) A Berenice se virava!

Um dia, quando me viu triste, para baixo, ela me perguntou: "Patrícia, por que você está chorando? Por que você está triste?".

E eu respondi: "Vai ter desfile de 7 de Setembro, da Independência do Brasil, e eu não posso ser baliza."

"Como assim você não pode ser baliza?"

"Porque eu não sei virar estrelinha. Sou muito gordinha e não consigo virar estrelinha, então nunca vou ser baliza."

Resumindo: eu não servia para usar pochete, não servia para ser paquita, não servia para ser baliza. No 7 de Setembro, todas as meninas desfilavam, viravam estrelinha, mas eu não podia representar aquele papel na Parada, porque era muito gordinha.

Ela se sentou comigo e disse: "Está bem, mas nem todo mundo pode ser tudo que quer. Talvez você não consiga ser baliza, mas você é tão inteligente, tão esperta, sabe tantas coisas! E pode usar a inteligência para ser quem você quiser ser. Porque, quando a gente tem inteligência, a gente muda qualquer coisa, faz qualquer coisa, conquista qualquer coisa no mundo."

Quero agradecer muito à Berenice, porque ela foi muito importante quando disse que a minha inteligência ia me transformar e transformar o mundo, e que eu seria importante porque também ia transformar muitas vidas.

A Berenice, a professora Adriana Galeão, a professora Regina Ericksonn, a Dona Terezinha, merendeira, são pessoas que fizeram parte disso. Muitas pessoas foram importantes para elevar a minha autoestima, para dizer que eu podia, sim, que eu era inteligente, sim.

Eu me lembro da professora Adriana Galeão, com quem falo até hoje nas redes sociais. Eu era pequenininha, e ela disse assim para mim: "Patrícia, você vai tão longe que nem consegue imaginar o quanto."

Eu morava num lugar muito pobre e de poucas condições. Quem tinha uma Havaianas para ir à escola era considerado rico. Era nesse nível! Quando a professora Adriana disse aquilo, eu nunca mais me esqueci.

Então, se eu estou aqui, se hoje sou uma pessoa realizada em muitos níveis e com a prosperidade brilhando em minha vida, é graças a essas mentoras. Sou grata a essas mulheres empoderadas que me deram bons conselhos quando eu era criança, que me ajudaram a ser quem eu sou hoje. Se eu superei tudo isso, e se hoje eu tenho uma Melissinha que cabe na minha cintura, é porque eu tive mentores.

O que eu quero dizer com tudo isso? Se você estiver no buraco e não tiver um mentor, vai continuar no buraco. Porque você necessita de alguém que já tenha estado desse lugar, que saiba como sair e que, quando chegar lá, saiba levá-lo para outro nível. Não adianta ficar se queixando, chorando em casa com o cinto preto da Melissinha, porque não vai vir um anjo do céu lhe salvar e dizer: "Saia do buraco!". Jesus não vai fazer isso, nem um anjo, nem ninguém. A atitude de querer sair é sua!

Quando você faz o movimento de querer sair, quando dá o primeiro passo, quando toma uma atitude, todo o Universo se ajusta para lhe ajudar. Eu fiz a minha parte, continuo fazendo até hoje e vou continuar fazendo enquanto viver, só que você precisa tomar uma decisão agora.

Você precisa tomar a decisão de nunca mais deixar a segunda-feira chegar na sua vida. Porque às vezes, você vai a uma palestra, a um evento, faz um curso, lê um livro como este, mas quando vem a segunda-feira, você oscila, a sua energia cai, porque, como eu já disse, a vida não é linear. A vida só é linear quando você morre e o seu coração para de bater. Enquanto você está vivo, há oscilação de energia, e um dia você vai oscilar e vai cair. E quando você cair, vai necessitar de mentores, um programa, ferramentas. Você precisa ter condições de sair do buraco.

E foi pensando nisso, por me incomodar em ver tanta gente perdida neste mundo, se sentindo menos do que é, se sentindo sem potencial, que decidi fazer o que faço. Porque muita gente não teve um pai como o meu para conversar, nem teve a Berenice, a professora Adriana Galeão e toda a sorte que eu tive.

E eu sei que você precisa de um mentor. Neste momento, estou me colocando à disposição para ser sua mentora. E quero pegar na sua mão, lhe tirar do buraco, lhe ajudar a sair daí.

Como a organização influencia na sua autoestima

Eu sei que pode parecer estranho o que vou dizer agora, mas pode confiar! Eu garanto para você que, para ter autoestima, organização é tudo! É essencial aprender a se organizar.

Se uma pessoa vive no meio da bagunça é porque a autoestima dela já foi para o brejo. Acumular cacarecos, deixar a grama enorme, não limpar a própria casa ou deixar um monte de louça acumulada na pia faz mal para a mente, para as emoções e para a saúde. A casa é bagunçada, a bolsa é bagunçada, o armário é bagunçado. 👜 Essa pessoa não tem como ser feliz, porque o Universo tem uma ordem que fundamenta tudo o que existe.

Poeira, bagunça, isso tudo faz com que a sua energia, com que a sua aura fique danificada. Não tem como termos autoestima e sentirmo-nos bem se as roupas estão todas emboladas dentro do armário. Então, se você quer começar a ter autoestima, agende o dia do Faxinão. Eu sugiro que você agende esse dia!

Marque um dia na agenda, nem que seja daqui a um mês, mas já sabendo que você vai tirar aquele dia para isso. Faça uma triagem, se liberte dos cacarecos e deixe em casa só aquilo que é útil. Só aquilo que lhe traz alegria. Se você olha para o objeto e ele traz dor, liberte-se dele. Doe para alguém, se quiser, mas se livre dele. Porque é muito difícil alguém conseguir ter poder e autoestima num espaço entulhado de cacarecos. A energia não flui, não circula.

Sério! Por acreditar em mim: para ter autoestima, organização é tudo.

Quando você aprende a se libertar de cacarecos físicos, quando você libera isso e manda embora da sua vida, também aprende a mandar embora sentimentos negativos que estão dentro de você. Quem junta cacareco em casa também junta cacareco dentro de si, e aceita viver menos que o sensacional. Quando você aprende a se libertar dos cacarecos, também começa a mandar embora as pessoas "cacareco". Elas já não precisam estar na sua vida, mas as vezes você as mantém por perto apenas por apego, são migalhas desnecessárias que estão presentes na sua vida drenando sua energia, apenas porque você está com preguiça de olhar para isso. Marque o Dia do Faxinão. A sua casa, a sua vida, a sua mesa de trabalho e você – mais do que tudo – precisam disso.

06

Autoestima e os outros

A esta altura, você já está cansado de saber que o mundo quer nos impor um padrão, uma forma. Ele quer que você emagreça, se comporte de determinada maneira, tenha determinada profissão. 💻 E muitas vezes você deixa de ser o que é em essência para atender aos desejos das outras pessoas, às exigências de uma sociedade doente!

Às vezes perdemos totalmente a identidade e a autoestima, a ponto de não sabermos mais quem somos, de tanto nos dedicarmos aos outros, de tanto viver em função das outras pessoas. 😆

Uma vez eu atendi uma mãe que não comia o que gostava havia mais de 20 anos, porque, quando ia fazer o almoço ou o jantar, só fazia aquilo que os filhos e o marido gostavam de comer. Parece absurdo se falado assim, né? Mas a verdade é que muitas vezes abandonamos nossos gostos particulares, nossas preferências e deixamos de ser quem somos. Você se descaracteriza para atender aos desejos das outras pessoas. E às vezes, na maternidade, as mães e pais esquecem de si mesmos. Em uma relação onde há doação unilateral, a energia do todo fica desequilibrada e muito fragilizada.

Você já deve ter visto, ou você mesmo pode ser assim, uma mãe de família que dialoga internamente dessa maneira: "Eu só vivo para os meus netos! Não preciso ter amor por mim, porque o meu amor é só deles! Eu vivo para os meus filhos, o meu amor é só deles. O meu amor é para todo mundo, mas eu não preciso me amar. Posso me abandonar, me largar, não preciso me cuidar, porque o amor deles já me preenche e é suficiente para mim."

As crianças são receptivas a essa doação, e são muito espontâneas também, e certa vez aconteceu uma situação: eu estava com algumas pessoas e uma criança de 7 anos. E de repente ela perguntou: "Mãe, por que o seu cabelo está sempre cheio de gordura? Por que o seu cabelo é tão feio?". E a mãe respondeu: "Porque eu estou sempre preocupada, me dedicando e cozinhando para você. Por isso que o meu cabelo fica engordurado". E a criança respondeu: "Mas um dia eu queria te ver bonita, arrumada". Naquele momento eu consegui perceber os olhos tristes e decepcionados daquela mãe se dando conta do quanto havia se autoabandonado. A criança não falou em tom de cobrança, mas apenas revelando seu desejo inocente de um dia ver a mãe arrumada.

Ser mãe ou pai é um dos maiores atos de abnegação de um ser humano, e uma tarefa onde é quase impossível dar conta de tudo. Mas, imagine qual seria a reação do seu filho se ele lhe visse empoderada, cheia de autoestima, maquiada e com o cabelo bonito? Não tem que ser todo dia, mas de vez em quando você pode se levantar um pouco mais cedo e se arrumar de uma forma diferente, ficar mais bonita. O seu filho vai ficar orgulhoso e feliz com sua atitude. **Surpreenda-o!**

Será que viver só para ele, se dedicar só a ele e se abandonar está correto? Para você amar alguém de verdade, seja seu filho, seu marido, seus netos ou seus bisnetos, a primeira ondulação de amor surge no seu coração, e grande parte desse amor também fica em você. E é daí que vem a ideia de que não conseguimos amar alguém plenamente sem que esse amor nos permeie também.

Quando você se doa, o percentual de amor que fica no seu campo de energia reverbera pelas células e promove a cura. 💗

É esse amor que faz você se sentir mais bonita, e sentir vontade de se arrumar, sorrir para as pessoas.

Quando você distribui energia amorosa, esse amor passa primeiro pelos seus canais energéticos.

No caso dos sentimentos densos e negativos isso também ocorre: normalmente em momentos de raiva, acreditamos que ela está sendo disparada para outra pessoa, porém essa raiva produzida em nosso campo de energia contamina nossas células, trazendo a doença.

Você pode ser um canal de amor, luz, raiva, ódio, culpa e tantas outras coisas: a escolha é sempre sua! É uma lei natural: primeiro passa por você, depois chega até o mundo. Ao amar o outro, o amor surge primeiro em você.

Por que nos relacionamos

Algumas pessoas até alegam que preferem os animais aos humanos e, por isso, vão morar no mato e não saem mais de lá; mas verdadeiramente, somos seres sociáveis. Quando nos isolamos, nos afastando dos demais, existe apenas uma demonstração de que não aprendemos a lidar com nossas emoções, e que de alguma forma nossas experiências nos relacionamentos do passado não foram bem-sucedidas.

Mas a verdade é que nós nascemos para nos relacionar. Precisamos das outras pessoas, e ao fugir para isolar-se de todos, qual serviço você prestará ao mundo durante sua estadia por aqui? 🌍 Uma das nossas missões aqui na Terra é ajudar o mundo a ser um lugar melhor, e uma das maneiras mais eficazes de cumprirmos esse propósito é através do cultivo de relacionamentos.

É por isso que nos relacionamos! **Para trocar experiências, aprender e observar, embora muitas vezes confundamos aprendizado com comparação e observação com julgamento, que são coisas bem diferentes umas das outras.**

Pratico yoga há muitos anos, e dentro dessa filosofia existe um conceito milenar chamado *santosha*, que traz a ideia de contentamento, de buscar o autodesenvolvimento, mas cultivando a satisfação no momento presente.

Muitas vezes em uma prática de yoga, não conseguimos chegar ao ápice de um movimento (*ásana*) que julgamos perfeito, porém essa perfeição é apenas um julgamento do nosso ego, pois observando o momento presente, aquele movimento é perfeito, pois é o que o nosso corpo conseguiu nos dar agora.

Alinhar-se com o princípio *santosha* não é julgar a perfeição, mas observar o seu corpo, o limite do movimento, sem a reclamação se ele não tiver um alongamento muito bom. Não julgue a sua musculatura, apenas observe. 💪 E o que eu acho mais incrível nos princípios da yoga, é que começando a aplicá-los em nosso corpo, eles acabam se estendendo à nossa vida como um todo.

Da mesma forma que acontece na prática com o corpo e a mente, vamos transferindo esses conceitos e aprendemos a observar as pessoas sem julgá-las. Quantas e quantas vezes olhamos para uma pessoa mal vestida e sentimos medo? Quantas vezes desdenhamos alguém por sua aparência e quando nos damos a oportunidade de conhecê-la, encontramos um manancial de sabedoria e amor?

Confie na serendipidade e comece a oportunizar que o Universo se comunique com você através das pessoas! Limpe suas mágoas e decepções e

mude seu ponto de atração! Olhe para as pessoas sem rótulos e julgamentos, pois é fundamental para nosso autodesenvolvimento aprendermos a relacionarmo-nos sem sofrimento, tendo as pessoas à nossa volta como grandes professores.

Sim! Sabendo inverter a nossa ótica e aproveitando esse conceito, podemos desfrutar de uma vida leve, plena e feliz. Por exemplo, se você tem raiva do seu pai, ele é seu professor para lhe ensinar a lidar com a raiva, a transcendê-la e reduzi-la. Esse "pai professor" é necessário em sua jornada, para você compreender que dentro de você existe uma semente de raiva para ser curada.

Se você tem medo da sua mãe, ela é a professora que lhe ensina a ter mais coragem. Se você sente rancor ou ódio de alguém, essa pessoa vai lhe ensinar tolerância. E assim a vida vai colocando em nosso caminho lições e professores, e os relacionamentos são os responsáveis por aflorar tudo aquilo que necessitamos curar, onde precisamos evoluir e aprender.

Todos que passam pela nossa vida são professores que nos ensinam a lidar com nossas emoções, frustrações e principalmente as expectativas, que talvez sejam os nossos maiores desafios dos relacionamentos. **Algumas pessoas vieram ensinar o amor, outras vieram lhe ensinar a ter ousadia.** Então, quando invertemos a ótica e enxergamos todos os relacionamentos como oportunidades de aprendizagem e evolução, ainda que alguém nos tenha feito algo de "ruim" aos nossos olhos, sempre acabamos extraindo algum aprendizado com isso, o que nos leva a sair do estado de vitimização.

"Olha só o que essa pessoa me fez!", você diz... Mas será que ela fez algo de ruim ou você precisava daquela situação para ter um certo tipo de aprendizado? Por exemplo, o aprendizado de não alimentar expectativas? 🫠

Quando você olha para o seu passado com acolhimento e amor, compreendendo que tudo foi necessário para você se tornar a pessoa que é hoje, começa a ter mais amor pela sua história e por si mesmo. Você entende que momentos de oscilação e vulnerabilidade são necessários para que possamos cair e aprendermos a nos levantar. Momentos de dor são necessários para aprendermos a nos reerguer, para nos tornarmos o que somos de verdade, o que nascemos para ser.

Direcionando mais amor e perdão ao nosso passado, honrando nossa história, conseguimos enxergá-lo com acolhimento. Olhe para seu passado e diga: "Passado, você está curado, você está perdoado. Eu te amo, passado, eu te aceito, eu te respeito, você me ensinou muito, mas agora é hora de começar uma vida nova. Agora é hora de começar outro ciclo. Aprendi muito com você, mas vamos em frente."

Eu inclusive tenho um mantra, que sempre uso para tratar o passado: "Meu passado está curado. Só existe o novo em mim." Recomendo fortemente que você repita esse mantra diversas vezes quando uma situação do passado lhe atormentar.

Encare a sua história com a coragem de ser quem você é, quem você se tornou, honrando todas as suas versões, pois todas elas foram necessárias para que você chegasse até aqui. Assuma corajosa e verdadeiramente quem você é em essência e não fique brigando com o seu passado. Apenas aceite-o. Por piores que sejam as pessoas, elas lhe ensinaram alguma coisa: no mínimo, a não ser como elas. Por exemplo, se a pessoa lhe causou algum mal, com mentiras e traições, como você pode aprender com ela? Observando e não agindo da mesma maneira que ela agiu.

Todos nós nos relacionamos para aprendermos uns com os outros, e a observação livre de julgamento é a chave para aprender sem sofrimentos, apegos, expectativas, comparações e cobranças, que são os pontos cruciais de qualquer relação.

Verdades indigestas sobre os seres humanos...

Acolher o passado e entender que as pessoas são professoras não significa ser bobinho e aceitar tudo sem impor limites. E para conseguir colocar os limites necessários, precisamos conhecer as sombras da humanidade, aceitando que somos todos falhos!

1. Humanos são interesseiros. Qualquer relacionamento entre seres humanos dura enquanto houver interesse entre as partes. Se você não se doar num certo nível, ou se decidir mudar repentinamente seu modo de pensar ou agir, e até mesmo de se vestir, é natural que o outro perca o interesse por você. Relacionamento é equilíbrio, e é necessário um fluxo e refluxo de doar e receber, para que se torne interessante a todos que participam da relação. O amor entre humanos parte de condições preestabelecidas entre as partes envolvidas e não é incondicional.

2. Humanos falam demais e isso às vezes atrapalha os relacionamentos. Muitos de nós falamos e expressamos o que sentimos e não o que pensamos de forma racional. E muitas vezes, as falas intempestivas magoam as pessoas que mais amamos. Quando compreendemos que essa é uma condição humana, e que todos nós estamos sujeitos a perder o tempero e a ponderação em certas ocasiões, o perdão torna-se mais fácil.

3. Seres humanos têm instinto de autopreservação. Isso é ancestral e genético, portanto muitos de nós querem se salvar a qualquer custo, mesmo que para isso tenham que deixar o outro morrer. Então a competição entre nós humanos e a disputa por poder, e longas discussões para determinar quem tem razão, é algo que se estabeleceu ao longo dos milênios, e até os dias de hoje é um dos pontos mais frequentes de discórdia nos relacionamentos.

4. Humanos erram com muita frequência. Quanto mais cedo aceitamos esse fato, antes o relacionamento com a nossa própria história vai se curando, pois o perfeccionismo exacerbado acaba nos gerando neurose e um estado de autocobrança e estresse que muitas vezes se converte em doenças físicas. Aceite isso... você vai errar e o perdão é uma via de duas mãos: precisamos pedi-lo e doá-lo na mesma medida.

5. Humanos surtam. Por mais sensata que uma pessoa seja, ela pode surtar a qualquer momento. Qualquer um de nós está sujeito a isso. Há um limite de pressão que cada um de nós consegue suportar e, quando esse limite é ultrapassado, estamos sujeitos a surtos e atitudes desmedidas. Reconhecer os próprios limites e os limites das outras pessoas, é uma boa saída no cultivo dos relacionamentos saudáveis, e para isso, o diálogo baseado em respeito é fundamental.

Para viver bons relacionamentos, concentre-se em compreender essas verdades indigestas e ter visão de eternidade. 👁️👁️ Ter visão de eternidade significa olhar para a frente e ver que tamanho tem um erro, uma falha ou um problema quando diluído no tempo. Alguém próximo a você pode ter feito algo que hoje você acha muito grave. Mas e daqui a 5, 10, 15 ou 50 anos? Isso vai continuar sendo grave? Ou vai perder a importância dentro dessa relação maior de vocês? Olhe para o futuro e se faça a seguinte pergunta: *o que significa essa situação diante da eternidade?* Você vai ver que a maior parte dos grandes problemas tende a nada, são picuinhas do dia a dia, as quais nada podemos fazer para controlar. Essa visão ampla de eternidade diminui a nossa carga de sofrimento, e traz mais leveza diante das dificuldades da vida, nos fazendo pensar e refletir sobre o tipo de vida que desejamos: ter paz ou viver em pé de guerra com o mundo? 💣 Pense muito sobre isso e saiba que a paz é um bom caminho para a felicidade, e essa jornada de paz depende única e exclusivamente de você e das suas atitudes, pois é nossa a mudança interior que define o comportamento e as atitudes das pessoas que nos orbitam.

A família é uma sala de aula

Em meus treinamentos e mentorias, costumo dizer que se a Terra é uma escola, a família é a sala de aula e os nossos parentes são nossos professores.

A família é uma criação da raça humana desde os primórdios do nosso desenvolvimento, no sentido de criar proteção e defesa aos membros com os mesmos laços genéticos. Com o passar dos tempos, as famílias foram se modificando e evoluindo, mas alguns conceitos básicos ainda prevalecem, como o instinto de proteger as pessoas da nossa família, e de também respeitar a ordem hierárquica de quem veio antes de nós.

Eu gosto de dizer que uma família é a união de espíritos unidos por laços *kármicos* e também de afinidade, que juntam-se na Terra para crescerem juntos, aprenderem a evoluir e, principalmente, resolver suas diferenças.

Na família encontramos coisas positivas, negativas, muita afinidade e falta de afinidade também. Encontramos amor e também horror. Com algumas pessoas temos muita afinidade e nos damos muito bem, e outras pessoas não queremos nem ver. As famílias vão se formando com a chegada de outras pessoas de fora, que possuem outra história, outra família, e às vezes chega um genro, uma nora, uma sogra, um cunhado, uma cunhada de quem seu irmão gosta, mas você não vai nem um pouco com a cara dela, desde o primeiro dia. E porque isso acontece? Essa repulsa repentina por alguém que você acaba de conhecer? Esses termos são usados popularmente como "o santo não bateu", ou então "os anjos não se beijaram", ou simplesmente falta de afinidade em ideias, ações e modo de pensar. Alguns procuram as razões na educação, na situação social, econômica ou até na astrologia, na numerologia. Mas, como pesquisadora e instrutora de terapia de regressão durante muitos anos, em que formei mais de 400 psicoterapeutas, qualquer sentimento que já seja tão intenso na primeira impressão, tem grande chance de trazer informações que são de nossa personalidade congênita, de existências pregressas. Se considerarmos que tudo na natureza obedece a lei dos ciclos, e que nossa existência também é cíclica – pois estamos inseridos nesta mesma natureza – conseguimos compreender que nossa história com pessoas antagonistas não começa quando nos vemos pela primeira vez nessa existência, mas sim em situações anteriores.

Por mais que estudemos, pesquisemos e estejamos avançando muito tecnologicamente, ainda estamos longe de desvendar os mistérios da nossa alma. Entretanto, algo que constatei (não é uma questão de crença, mas de experiência, constatação e catalogação) é que se algo lhe causou uma impressão muito forte, desproporcional e que lhe causa atitudes impensadas e irracionais, esse fato já tem uma história por trás. Então mais uma vez, olhar para sua história com a pessoa que lhe desperta sentimentos negativos sem uma explicação lógica, considerando a eternidade, é uma boa maneira de lidar e compreender que a nossa história com a maioria das pessoas que nos rodeiam, principalmente as pessoas da nossa família, não começou agora. Então saiba que se alguém não gosta de você hoje, existe uma história por trás. **Se alguém lhe ama no primeiro instante que o vê, também existe uma história.** Então comece a refletir, pensar sobre isso e compreender que gostar ou não de alguém, não é algo que possamos controlar, e muitas vezes dentro da nossa própria família, algumas pessoas vão simplesmente lhe amar enquanto outras terão total falta de afinidade, mesmo que você não tenha feito nada para justificar qualquer ato antagônico. E está tudo bem! Pessoas vão gostar de você e outras não, e se você conseguir ficar bem com isso utilizando a visão de eternidade, você encontrou a chave da paz. Pois ficar procurando os motivos, vasculhando o passado e sofrendo com isso, gera muito desgaste energético, que na maioria das vezes só vai lhe prejudicar em vez de explicar alguma coisa.

E as famílias vão se formando assim, com a chegada de novas almas que podem ter total ou nenhuma afinidade com você! É como uma loteria, é um risco que corremos! E, para conseguir sobreviver à família e ter paz, é preciso dedicação para compreender os papéis e lugares de cada um.

Já mencionei anteriormente que como seres humanos buscamos aperfeiçoamento, e muitas vezes falhamos, erramos... Dificilmente nascemos em uma família que julgamos ser perfeita, na qual todo mundo é legal, senão não haveria desenvolvimento para nossa alma em uma família assim. Isso é muito raro de acontecer. A família está aqui na Terra para nos ensinar. Nascemos mais próximos das pessoas com quem mais precisamos trocar aprendizados. A sua família é um traje sob medida, é o ambiente perfeito para sua alma evoluir, para você crescer e desenvolver suas habilidades de relacionamento.

É a família que nos forja, que nos dá a estrutura necessária para resolvermos os primeiros perrengues da vida. Às vezes a situação de aprendizado vem de um irmão que arranca uma mecha do seu cabelo, você revida com um soco e vocês brigam e ficam sem conversar por meses ou até anos. Às vezes é um irmão com quem você tem afinidade total, pode ser seu gêmeo, e, em determinado momento da vida, ele pode se mudar para outro país e você fica muito mal com essa situação. 😫

Pela proximidade e convivência, muitas coisas acontecem dentro da família. Às vezes um irmão o trai, às vezes um cunhado apronta para você, às vezes seu próprio pai o maltrata, faz a sua autoestima cair e às vezes sua mãe é narcisista.

Quando invertemos nossa ótica sobre a vida, e colocamos as lentes da eternidade, a necessidade de encontrar um vilão simplesmente desaparece, pois começamos a enxergar nossos desafetos como instrumentos de evolução necessários em nossa jornada. Se você está vivendo experiências próximo de pessoas com características de "vilão", sua alma está precisando desses professores. Eles vão lhe ensinar a ter mais paciência, tolerância e principalmente, a praticar o perdão.

Em muitos aspectos da vida, somos infantis e agimos de forma irracional e imatura, simplesmente fugindo e não querendo falar ou olhar para uma determinada situação conflitante. Muitas vezes isso apenas é o reflexo da forma como a maioria de nós somos educados: para fugir dos conflitos em vez de entendê-los, correr dos problemas em vez de enfrentá-los. E caso você queira resolver seus problemas, é necessário um enfrentamento dos seus pontos de dor e acolher cada um deles, entender por que cada um foi necessário, compreendendo o aprendizado que foi necessário com aquela situação, para evoluir e crescer.

Não é tão difícil assim, só que normalmente não separamos um tempo para analisar isso. Fomos educados para colocar panos quentes e tapar o sol com a peneira, não investindo em nosso próprio desenvolvimento. Investimos nosso tempo e dinheiro com besteiras, com bobagens, desperdiçando tempo em redes sociais, sem separar um tempo para olhar nossas feridas, que muitas vezes estão bem abertas.

Não é porque uma ferida está no passado que ela está cicatrizada, não é porque se passaram 20 anos que ela está curada. Podemos olhar com atenção e cuidado para tudo isso que carregamos e estar dispostos a nos curarmos, a evoluirmos dia após dia.

Nosso tempo é raro e não volta mais! Então que tal investir seu tempo em si mesmo e utilizar suas horas de vida para curar suas dores e ser muito feliz? **O tempo é o nosso maior patrimônio!** Use suas horas investindo em si mesmo, planejando, buscando conhecimento para se reformar, crescer, ser feliz, porque você tem uma linda missão a desenvolver aqui na Terra.

Sobrevivendo aos outros...

Até aqui, já conseguimos compreender que a grande maioria das pessoas se relacionam por interesse e que é muito difícil para elas aceitar que você tome suas próprias decisões e que seja firme em seus propósitos. É preciso ser muito forte e determinado para viver um relacionamento baseado em liberdade e não permitirmos que os outros nos controlem ou abalem a nossa autoestima. Por isso aqui estão algumas dicas que vão ajudá-lo a ter mais firmeza em suas decisões:

1. Seja coerente com o que pensa, fala e faz, assim será respeitado. Muitas vezes desejamos a todo o custo conquistar a confiança e o respeito das pessoas que nos rodeiam, pois sentimos que isso é importante para nos dar confiança e segurança; porém, muitas vezes temos um passado comprometedor que não inspira a confiança alheia. Por exemplo, imagine que você por muitos anos da sua vida teve uma postura perdulária, de má administração financeira, dívidas, falência e caos patrimonial. Agora, há poucos meses, você deu a volta por cima, está bem financeiramente e decidiu trabalhar na área de investimentos porque percebeu que tem talento para isso. Qual a chance real de as pessoas que estão ao seu redor confiarem suas economias para que você invista? Em muitos casos realmente mudamos, mas precisamos entender o ponto de vista das outras pessoas e esperar o tempo correto até que elas se acostumem com seus novos padrões de comportamento e com a nova imagem que você deseja construir. O passado tem um papel muito importante para todos nós, porque além de ser o nosso guia de aprendizado ele também serve como referência para ações presentes e futuras. Então não culpe as pessoas pelos julgamentos, apenas lhes dê tempo para que possam conhecer a nova pessoa que você se tornou, e em vez de vitimizar-se, seja mais tolerante consigo mesmo e com os outros. Seja coerente com o que fala e com suas ações, agindo de forma condizente com a imagem que você quer transmitir, e assim você conseguirá construir o respeito e admiração de todos.

2. Seja íntegro. Muitas pessoas confundem integridade com honrar compromissos, pagar as contas em dia e ser honesto, mas integridade não é apenas isso. Integridade tem um sentido muito mais amplo: íntegra é a pessoa que vive de acordo com sua própria verdade, com sua orientação interior, que faz o que ama e não se importa com a opinião alheia. A pessoa íntegra é a dona das suas próprias vontades, domina as rédeas da sua própria vida, ou seja, num sentido mais amplo, integridade é a liberdade de escolher o que você quiser para você.

3. Fale a verdade e dê limites com delicadeza. Não é necessário ser grosseiro ou agressivo, apenas fale a verdade e imponha seus limites com delicadeza, na tentativa de recuperar a relação com a pessoa que lhe feriu. Seja firme no conteúdo, mas suave na forma. Se alguém o convida para jantar, mas você não quer ir, não precisa inventar uma desculpa furada. Basta dizer que "hoje não é um bom momento, não estou com vontade e prefiro ficar quietinho na minha casa. Podemos deixar para outro dia?". Você não nasceu para agradar os outros e fazer tudo o que eles pedem.

Se não está com vontade, não faça, não vá, não ceda e comunique isso aos envolvidos com delicadeza e amor, e tudo ficará bem. Talvez nas primeiras vezes seja desafiador, mas continue treinando, pois quase tudo nessa vida é uma questão de treino.

4. Respeite o espaço das outras pessoas. Assim como você não quer que o controlem, não tente controlar os outros. Não seja possessivo e dê às pessoas o tempo e o espaço de que elas precisam para respirar. Muitas vezes sufocamos as pessoas que mais amamos por não permitir que elas tenham seu próprio espaço de aprendizagem, e nesses casos, até acreditamos que estamos fazendo o bem. Mas será que fazemos o bem quando resolvemos tudo para os outros? Será que não estaríamos impedindo seu processo de evolução agindo dessa maneira? Permita que as pessoas errem e aprendam com suas próprias experiências negativas. Só aja para evitar acidentes e algum mal grave! Se for um desafio emocional, uma decepção ou tristeza, não interfira a menos que a pessoa lhe peça ajuda. Faça apenas seu papel e você experimentará uma vida muito mais leve!

5. Solte as pessoas. Esse é um mantra ótimo que levo para minha vida! Desapegue-se das pessoas. Sim, elas podem cometer erros e correr riscos, e é assim que a maioria de nós aprende. Se você interferir o tempo todo, não vai dar a elas a chance de aprender. Deixe que as pessoas tomem suas próprias decisões, solte-as e permita que elas vão embora também. Deixe que as pessoas se afastem se assim elas quiserem. Será libertador para elas e para você!

6. Seja prático com as suas emoções. Essa é uma das dicas mais importantes. Não perca tempo com emoções ruins. Dê a si mesmo o tempo necessário para o sofrimento, para chorar, mas saia rapidamente disso. Permita-se sentir, mas transmute depressa o sofrimento. Não perca um tempo precioso da sua vida sofrendo à toa. Tire o tempo para elaborar as coisas, mas seja rápido. Você não pode passar anos sofrendo, pois o sofrimento, sendo incondizente à nossa natureza, se transforma em doenças físicas.

Os 5 C's que destroem os relacionamentos

Controle. Esse está em primeiro lugar porque algumas pessoas acreditam que amar é controlar. Onde há controle, não há amor, mas desconfiança e disputa de poder.

Certa vez eu tratei uma pessoa em consultório, que descobriu que o namorado anotava a quilometragem do carro antes de ela sair. Naquela época não existia localizador no celular, que só servia para fazer ligação e mandar mensagem. Então, sempre que ela dizia que ia a algum lugar, ele anotava a quilometragem do carro. Quando ela voltava, ele conferia para ver se a quilometragem estava de acordo. Felizmente, ela terminou o namoro, porque percebeu que essa era uma relação doentia.

Outro dia eu estava em um local que costumo ir e na sala de espera havia uma moça olhando aflita para a tela do celular. De repente, ela deu uns gritos: "Onde é que você está? O que você está fazendo? Tira um *print* da tela agora com a sua localização, porque eu quero ver onde você está, quero ter certeza de que você está aí mesmo". E quando ela se deu conta, todos no local estavam olhando para ela, que perturbou a paz do ambiente com seu descontrole emocional.

As pessoas se desesperam e acham que controlar o outro é amor. Mas a verdade é que não temos controle de absolutamente nada. Estamos boiando no universo em um pontinho azul chamado Terra, que pode ser apenas uma célula dentro do corpo do Criador. Estamos flutuando em um universo que não temos ideia do que seja. E se a Terra é um pontinho azul perdido no espaço, imagina o que somos em relação à Terra. Como podemos controlar alguma coisa?

Se você relaxar um pouco mais e ficar mais leve, vai conseguir experimentar o amor. Quando você é muito controlador, se torna neurótico e dificilmente vai conseguir experimentar o amor, e assim a sua autoestima não cresce.

Comparação. Ficar se comparando o tempo todo também não é amar. No ano passado, eu fiz um *post* sobre autoestima. E nesse *post* um comentário de uma moça me chamou atenção: "Eu sou uma pessoa mais ou menos. Linda mesmo é a minha amiga. Eu queria ser ela, porque ela tem um sorriso bonito, usa roupas legais, se dá bem com as pessoas. Ela é simpática, tem uma energia alta. Ela é maravilhosa. Eu queria ser como ela. Não é que eu tenha inveja, mas eu queria ser ela."

Nós nos comparamos o tempo todo: com colegas de trabalho, com as modelos nas capas das revistas, que muitas vezes mostram corpos inatingíveis. Por que uma pessoa é escolhida para ser modelo? Porque ela é rara, diferente da maioria, é uma beleza exótica que as agências procuram, uma beleza diferente. E muitas vezes você quer ser uma beleza rara, mas a maioria de nós está na média. Não dá para nos compararmos a alguém que está na capa de uma revista ou na televisão. Isso muitas vezes é inatingível e vai lhe frustrar, drenar sua energia.

Sua energia pode ser direcionada para outra coisa, mas você fica maluco tentando atingir algo que é quase impossível. Não estou falando que você não deve se cuidar nem buscar aquilo que ama. Não é isso. Mas às vezes perdemos um tempão de vida tentando atingir um padrão que é impossível. Então, eu lhe aconselho: pare imediatamente de se comparar! Porque você é único, com características maravilhosas e singulares.

Cobrança. Muitas vezes a família nos cobra um comportamento, um tipo de atitude, apenas porque isso é confortável para ela.

Por exemplo, às vezes a mãe não quer que o filho saia à noite, mas, no fundo, ela só não quer ficar acordada preocupada. Não quer sentir medo por ele não estar ali com ela. Como não sabe lidar com as próprias emoções e sentimentos, ela proíbe o filho de sair, muitas vezes impedindo seu crescimento e evolução.

A família é uma estrutura que tem suas próprias regras, e quando alguém é diferente e age em desacordo com essas regras, muitas vezes é rechaçado.

E a sua família? Será que ela cobra um comportamento para você ficar na média? Pode ser que você seja o diferente da família, que você queira seguir um caminho ou uma carreira totalmente contrária ao que todo mundo faz. Só que seus familiares cobram de você um comportamento mediano, que não chame a atenção dos demais. Você já ouviu esta expressão: "O que a tia fulana vai falar?".

Manifesto da Autoestima

Por uma escolha pessoal, eu decidi não ter filhos. Decidi optar pela carreira, meus livros, as empresas, enfim, tudo isso que eu faço. Eu queria mergulhar de cabeça, porque isso é o que eu mais amo, é o meu *dharma*, o que vim fazer neste mundo. Fiz essa escolha e sofri muito *bullying* e preconceito por decidir não ter filhos. Realizei muito da maternidade com as minhas duas sobrinhas, pois me sinto tão preenchida com o amor delas que é como se fosse um amor de mãe e filhas, e assim não sinto necessidade nem vontade de ter filhos, porque ajudei a cuidar delas, então é como se elas fossem minhas filhas também. Mas as pessoas julgam, cobram, e muito.

No dia do meu casamento, as pessoas já estavam me cobrando: agora o próximo passo é ter filhos. Um ano depois, eu ainda não tinha filho, então fizeram uma reunião de família para decidir quando eu ia ter um filho. E eu já tinha falado que não queria, mas as pessoas não escutam, elas simplesmente acham que você está brincando, não respeitam as suas vontades, porque você é o diferente da família.

Precisei ter muita autoestima quando disse para a minha família: "Vou abandonar a carreira de executiva na indústria e me tornar terapeuta holística." Ouvi muitas críticas.

É muito difícil você comunicar suas vontades reais para pessoas que estão lhe cobrando, mas, se você tem autoestima, se está vibrando no amor, se está imbuído do seu poder, se você é um ímã de poder que tem método, treino, mentores, você consegue comunicar isso e sair ileso. Se você tem autoconfiança e consistência nos seus objetivos, o sucesso na carreira virá, e o tempo se encarrega de mostrar a essas pessoas que você estava certo o tempo todo. Foi o que aconteceu comigo.

Culpa. Amor definitivamente não é culpa. Muitas pessoas sentem culpa nas relações, nos relacionamentos. Mães que trabalham sentem culpa de deixar os filhos na creche, de deixar os filhos com a babá. Muita culpa! Mas são escolhas necessárias que temos que fazer na vida. Eu decidi não ter filhos, mas não tem problema nenhum se você tem 4 filhos e os deixa na creche ou com a babá. Pare de carregar essa culpa, pois é o melhor que você pode fazer nesse momento. Às vezes você precisa viajar 3 meses e deixar seu filho com alguém. Ele vai se sentir abandonado? Talvez. Mas é o melhor que você pode fazer no momento.

Se você é mãe e, em algum momento, teve que deixar seus filhos com alguém para proporcionar uma vida melhor a eles, um futuro melhor, isso é o que você podia fazer naquele momento, o que você sabia fazer naquele momento. Perdoe a si mesma. Talvez você fizesse diferente hoje, mas pensar em retrospectiva é muito fácil. Depois que tudo aconteceu, é muito fácil olhar para o passado e julgar "Eu teria feito isso ou aquilo." Só que, na hora, no momento da pressão, às vezes tomamos decisões que não são as melhores.

Hoje você faria diferente porque está mais maduro, enxerga as coisas com outros olhos, mas se você fez o melhor que pôde naquele momento, perdoe a si mesmo.

Lembre-se de fazer um "carinho" no passado, nas pessoas do passado. "Está todo mundo perdoado, todo mundo livre, eu o perdoo, você é um aprendizado para mim." Acolha a sua história, entenda que você sobreviveu a muita coisa e, se está aqui agora, é porque teve força para passar por tudo o que passou, e só por isso já merece perdão.

Castigo. Castigar-se, automutilar-se, ficar se chicoteando por coisas que você fez no passado, não é amor-próprio.

Você pode sentir dor e se arrepender e achar que errou e tudo bem. Mas você pode se libertar disso. Se quiser ter autoestima, se quiser ter poder, pare de se castigar ou achar que você é uma pessoa ruim, um monstro. Você pode refazer sua autoimagem e mudar essa pessoa que você enxerga, e assim vai conseguir se enxergar mais bonito, se aceitar mais.

Trabalhe fortemente para eliminar esses 5 C's da sua vida. É necessário varrer todos eles para fora. Controle, comparação, cobrança, culpa e castigo talvez sejam tijolos do muro de dores que você precisa quebrar e exterminar da sua vida para sempre.

07

Autoestima e o amor romântico

O amor romântico

Talvez você estivesse esperando ansiosamente por este assunto. Uma das coisas que mais ouço das pessoas é: "Eu desisti do amor. Ninguém me quer. O amor acontece apenas uma vez na vida. Ninguém me ama."

Quando eu era criança, era fã do Cazuza, um cantor muito famoso que faleceu nos anos 1990, ainda muito jovem, em decorrência do vírus HIV. Cazuza é autor de uma música que se chama "Blues da Piedade", e uma frase dessa composição sempre me chamou a atenção: "Quem não sabe amar fica procurando alguém que caiba no seu sonho."

Às vezes você não encontra um amor, desiste do amor ou acha que só acontece uma vez porque talvez esteja procurando uma idealização impossível, ou seja, alguém que não existe. O tempo, a maturidade e também as decepções são grandes professores que nos ajudam a encontrar mais tolerância nos relacionamentos.

Relacionamento dá trabalho, é preciso cultivo, dedicação, amor, paciência e respeito. Mas um relacionamento, definitivamente, não é apenas se acostumar com a presença do outro, o que acontece em muitos casos. Às vezes você simplesmente está habituado com aquela companhia, já não existe mais amor, mas dependendo da fase da vida em que você se encontra, é mais cômodo não fazer nada a respeito e continuar vivendo, continuar tocando a vida de uma forma letárgica e sem graça. Algumas pessoas mantêm esses relacionamentos de fachada para garantir patrimônio, por comodismo, conveniência, pensando nos filhos e por tantos outros motivos. O que a maioria das pessoas não compreende é que viver assim intoxica o corpo, a mente e a alma, e sempre que estamos estagnados, o Universo, como bom professor que é, surge em nossa vida para nos dar uma boa chacoalhada.

Então pergunte-se neste momento: "E se eu ficasse solteira hoje? O que faria? Como agiria? E, principalmente, como eu me sentiria? Aliviada? Triste? Feliz? Solitária? Acomodada? Festiva?".

Nosso planeta conta com quase 8 bilhões de seres humanos vivos, e você vai dizer que o amor só acontece uma vez ou que desistiu do amor ou que ninguém lhe ama? Será que, com 8 bilhões de possibilidades, ninguém lhe ama ou você não vai mesmo encontrar alguém?

Achar que "não vou encontrar ninguém que me queira" é uma crença limitante. Uma enorme minhoca (talvez uma cobra) que está aí, pairando na sua cabeça. E essa minhoca precisa ser exterminada, para que seu ponto de atração se eleve e seu grande amor se aproxime! Se você fica dizendo: "Ninguém me ama, ninguém me quer, eu desisti do amor, o amor só acontece uma vez", o Universo vai dizer: "Ok, seja feita a sua vontade! Se você está me pedindo isso, tudo bem! Ninguém vai lhe amar." Tudo depende muito do que você pensa, da sua energia e do que o seu ponto de atração está disposto a atrair.

O seu ponto de atração, a qualidade da sua energia vital, é que vai atrair e ditar a qualidade da pessoa que virá para a sua vida. Se você viver no passado, dizendo: "Eu só amei aquela pessoa, e ela morreu, por isso nunca mais vou amar alguém", tudo bem, o Universo vai concordar com a sua afirmação.

Para atrair um amor, em primeiro lugar eleve sua energia, conecte-se com sua essência e quanto

mais alto astral e com um estado de espírito elevado você estiver, maior a qualidade da pessoa que você vai atrair.

Olhar para o futuro, tratando o passado como um bom professor, é uma boa receita para ter autoestima, plenitude, felicidade e se preparar para viver um grande amor.

Amor x Paixão

É muito comum confundirmos amor e paixão. O amor é um sentimento equilibrado, a origem de todos os sentimentos bons e condizentes à nossa natureza. O amor é a nossa própria natureza, a grande cola universal, a *arché*, tão estudada na filosofia, a substância primordial que uniu todas as partículas desde o início da criação. O amor é um sentimento superior, sublime, elevado que nada tem a ver com carência, culpa, ciúme, comparação, cobrança ou competição. É a energia vital que tudo unifica.

Já a paixão é um mecanismo extremamente evoluído para atrair duas almas que precisam resgatar alguma situação *kármica*. O momento de paixão pode até evoluir para o amor depois. Mas, segundo pesquisas de neurociência e neurocardiologia realizadas nos últimos anos, se uma pessoa ficar apaixonada por mais de 2 anos, o coração se desestabiliza e pode não suportar! Porque o estado de paixão desequilibra todo o corpo.

Paixão não é um sentimento equilibrado, não é algo saudável para nós, pois desequilibra e desestabiliza nossas células. O apaixonado por muitas vezes fica com taquicardia, sua frio, e frequentemente diz: "Se ele não me ligar, eu vou morrer!" A pessoa passa mal, fica zonza, perde o foco e se desconcentra porque paixão não é algo positivo para o nosso corpo. No entanto, as substâncias produzidas pela paixão são extremamente viciantes e nos convencem plenamente de que o que estamos sentindo é fundamental e positivo.

O amor, por sua vez, é um sentimento controlado, discernido. O amor não julga, quer apenas a felicidade do outro, não importando se o outro está perto de você ou não, porque não há apego. Eu gosto de definir o amor romântico como a resultante do nosso ponto de atração.

Se você está triste, baixo astral, poliqueixoso e sem energia, só vai atrair tranqueira para a sua vida. Quando falo de tranqueira me refiro a pessoas ruins, interesseiras, que não combinam com você, pessoas que vão lhe usar, que não vão lhe compreender, que não estão na mesma sintonia que você. Para que alguém idealizado se aproxime, aquela pessoa que você deseja para a sua vida, alguém que você pediu para o Universo, você precisa de reforma íntima, autoconhecimento, elevar o seu ponto de atração e sua autoestima, buscando mais confiança, segurança em suas decisões. Nada é mais encantador do que uma pessoa segura e autoconfiante! Pode acreditar!

Amor é ponto de atração

Já reparou como alguns casais parecem totalmente diferentes? Tanto que é quase inexplicável o fato de estarem juntos. Quando vemos um casal passeando pela rua formado por duas pessoas muito diferentes já ficamos imaginando: o que foi que uniu essas pessoas? Um tem muita autoestima, muito poder, e o outro, por mais lindo que seja, às vezes é meio inseguro. O amor é ponto de atração, e duas pessoas se unem por muitos motivos que independem apenas de beleza física! Pessoas se amam por cumplicidade, parceria, as vezes por detalhes como a verdade expressada pelos olhos, o sorriso, e você não tem que ser necessariamente lindo para atrair a pessoa dos seus sonhos!

Temos a capacidade de atrair as pessoas de acordo com aquilo que vibramos. Se você é uma pessoa insegura, reclamona, tem medo de ser traída, é ciumenta, controladora e chata, vai atrair alguém que vai fazer você ter mais disso, porque o Universo entende que você quer mais disso. Se você só pensa em controlar a pessoa, em sentir um ciúme doentio, em traição, o Universo também entende que você quer mais disso, porque a insegurança, o medo e a carência fazem parte do seu sistema de pensamentos governantes, então o Universo vai enviar alguém com as características nas quais você mais pensa para aflorá-las em você (traição, ciúme, insegurança). Ou seja, primeiro você precisa se reformar intimamente, e quando estiver leve, vai atrair alguém de mesmo padrão.

O vínculo não existe sem o ato de dar e receber.

"Precisamos dar e precisamos precisar." Essa é uma frase da Brené Brown, uma autora que fala muito sobre vulnerabilidade, que não tem nada de errado em sermos vulneráveis. E não há nada de errado em precisar, porque quando somos autossuficientes demais, acreditamos que podemos viver sozinhos, que não necessitamos de ninguém, e dificilmente conseguimos compartilhar de um relacionamento. Porque, num relacionamento, nós precisamos precisar do outro, nem que seja apenas de vez em quando. E mesmo que não precisemos do outro, é fundamental demonstrarmos através de gestos de carinho que é importante a outra pessoa estar ali do seu lado e que ela é imprescindível para que você seja confiante e autossuficiente, porque ela lhe dá apoio. Então demonstre isso sempre, porque quando somos autossuficientes demais, assustamos e afastamos quem está ao nosso lado.

O amor e o medo

Há duas energias, duas polaridades, no Universo: o amor e o medo.

O amor é a força que criou o Universo. O amor é a força criadora, a força que habita na sua aura, na sua energia. O planeta Terra é um centro de amor. E a força vital, a energia vital que faz tudo brotar, que faz tudo nascer, que uniu e colou todas as partículas, é o amor.

Tenho formação em Filosofia. E em toda a história da filosofia existe um fio condutor, uma espinha dorsal que liga todos os pontos, que é o fato de todos os filósofos tentarem encontrar a *arché*. A *arché* é o elemento primordial que está em tudo e age sobre todos.

Muitos filósofos da Antiguidade, do período pré-socrático, achavam que essa partícula fundamental era a água, outros achavam que era o fogo, outros acreditavam que era o ar. Até que filósofos mais modernos descobriram que era a energia. A energia de repulsão, a energia de atração. Isso foi evoluindo e até hoje os estudiosos procuram a *arché*.

De tudo que estudei até hoje sobre Filosofia, posso dizer que estou plenamente convencida de que a *arché* é a energia do amor. Essa é a substância primordial, fundamental, que uniu todas as partículas para que pudéssemos resgatar o nosso *karma*. Para que pudéssemos levar nossa aura de volta para a luz.

O amor é a força de criação. Por amor, duas pessoas decidem ter um filho e dar a energia da vida para a criança. Por amor, decidimos estender a mão e ajudar alguém. Por amor, nós perdoamos. Por amor, procuramos entender. Por amor, você escolhe uma profissão que ajuda a transformar o mundo.

O amor cria, multiplica, faz a semente brotar do chão, faz a semente lutar fortemente para se romper e se tornar uma vida nova. O amor faz a lagarta romper o casulo e se transformar em borboleta. Essa energia amorosa que está em tudo age sobre todos, está presente em nosso mundo e criou tudo o que existe, é o *logos* universal.

Já o medo é o contrário do amor. A maioria das pessoas acredita que amor é o contrário de ódio, de rancor; porém amor é, na verdade, o contrário de medo. Por medo, nos distanciamos do amor e da força criadora. Por medo, vibramos no ego e nos oprimimos. Por medo de perder, ficamos apegados. Por medo de sofrer, nos isolamos e nos defendemos das outras pessoas com agressividade.

O medo é um sistema separatista, egocêntrico, que nos distancia de Deus, do Universo, da Fonte, das pessoas e, principalmente, de nós mesmos, da nossa essência, da nossa matriz original, da nossa essência divina.

Quanto mais medo você sente, mais distante está de si mesmo, da sua essência, do seu Eu Superior, e mais focado está no Eu Personagem. Quanto mais amor você sente, mais se aproxima do seu núcleo, da sua matriz original, daquela estrela luminosa que habita em você.

Eu costumo dizer que Deus é binário, ou seja, sempre tem duas forças. Sempre tem dois pontos, como na linguagem de programação da informática.

Podemos dizer que todos os nossos sentimentos, pensamentos e emoções derivam de duas fontes: amor e medo. Tudo que é ruim, negativo e que o afasta da sua natureza amorosa vem do medo, pois ele é a raiz de todo o mal, de todos os problemas. Assim, cada vez que você se torna uma pessoa rancorosa, triste, magoada ou raivosa, é porque você está com medo de alguma coisa. Porque, quando você sente o amor fluindo no peito, na alma, em todas as células, você fica entregue e se liberta, como se você pudesse expulsar o medo da sua vida.

Foi por amor à humanidade, por exemplo, que Jesus não teve medo de ir para a cruz. Ele seguiu seu caminho, mesmo sabendo que seria difícil, porque sabia que sua missão nos libertaria justamente do medo e do ego. Foi por amor à humanidade que Buda se iluminou, encontrou a Senda Óctupla e nos transferiu seu conhecimento iluminado. Foi por amor à humanidade que Krishna se colocou no meio de uma guerra. Os Grandes Mestres vivem por um princípio chamado *mahakaruna*, que traduz o sentimento de "amor por servir".

Quando você compreender que uma vida de serviço à humanidade, ao próximo, a quem está à sua volta, lhe conduz à iluminação, você consegue capturar a partícula divina presente na natureza, a partícula que carrega a força da criação. E quando você vibra nesse amor, o seu espírito se incendeia, fica incandescente e iluminado.

Quando você sente esse fogo espiritual, e está unido com a fonte cósmica de energia, com a Fonte da Criação, seu ponto de atração se eleva e você traz para perto de si apenas o que é bom. A sua autoestima vibra nas alturas e você simplesmente perde o medo de colocar um biquíni, porque compreende que o peso, os quilos a mais ou a menos, a celulite, tudo isso são mecanismos de evolução dentro do seu processo de aprendizado. E assim o que os outros pensam de você se torna apenas julgamento de diferentes lentes e pontos de vista, e isso não importa, pois você está conectado à fonte divina do amor. **Você está conectado à luz.**

Quando surge o medo de falar em público, rapidamente você transcende, porque é guiado pelo amor. Você não tem medo de dizer para o seu chefe o que ele precisa ouvir, porque você vai falar com amor, na tentativa de ajudá-lo a melhorar. Você não tem medo de enfrentar a si mesmo porque se ama.

Esse é o verdadeiro sentido da força da criação. Nós estamos aqui na Terra para aprender a amar a todos, inclusive a nós mesmos. Quando você experimenta o amor nesse nível, você se torna um ímã de poder e começa a atrair tudo de bom: pessoas boas, bons relacionamentos, prosperidade, e fica cheio de autoestima, porque tem confiança no amor que sente.

Basta sentir amor sempre!
**Essa frase toca muito no meu coração,
pois o amor é o melhor remédio,
o melhor antídoto para qualquer mal.**

Às vezes as pessoas acham que estão sentindo amor quando é algo forte e visceral, mas isso não é amor, porque onde existe amor, existe também leveza. Às vezes as pessoas dizem: é um amor tão violento! Pode ser paixão, obsessão, loucura ou apego, mas certamente não é amor. Porque o amor tem uma polaridade equilibrada, perto da neutralidade. O amor é cura, é energia de criação; é leve e bom, traz tranquilidade, perfeição, equilíbrio e paz. Portanto reflita sobre a sua vida e sobre o potencial de amor que você é capaz de sentir e distribuir pelo mundo. E tudo que for diferente disso, simplesmente delete da sua vida.

10 dicas de ouro para um relacionamento feliz

1. Amor incondicional.

Lembre-se que o sentimento de amor puro e verdadeiro independe de condições preestabelecidas e é desprovido de interesses. Num relacionamento entre dois seres humanos (ou mais), existem falhas, erros e limitações. Se a relação for honesta, sincera, e houver amor em seu sentido mais verdadeiro, existe uma grande chance de esse relacionamento se tornar duradouro.

2. Deus presente.

Existem muitas definições e interpretações para Deus. Para uns, Deus é um senhor ancião e barbudo; para outros é Krishna, Buddha ou Jesus; para outros é uma luz ou o próprio Universo. Não importa o que ou quem Deus é para você, desde que você tenha uma relação com Ele e priorize essa relação. Sempre coloque Deus em primeiro lugar na sua vida.

3. Perdão.

Todas as partes de uma relação cometem erros, enganos e falhas, portanto perdoar é um excelente caminho para manter o equilíbrio de um relacionamento. Raramente você encontrará alguém perfeito com quem você vai viver um relacionamento de conto de fadas. Em algum momento, alguém poderá se estressar, ficar áspero ou de mau humor. E nesses casos, o perdão é um excelente antídoto. Porém entenda que perdoar não é esquecer, mas reinterpretar e também estabelecer limites para que o "erro" não volte a se repetir. Perdoar definitivamente não é aceitar abusos dentro da relação.

4. Preferências.

Quando você começa a se relacionar com alguém, é saudável estabelecer suas preferências e também conhecer a preferência do parceiro, em uma comunicação com bastante clareza e honestidade. Se você abrir mão das suas preferências, um dia isso pode resultar em cobrança, no sentido daquilo que você "abriu mão" por amor. Então, comunique suas preferências já no início do relacionamento e não tente agradar o outro dizendo que gosta de tudo o que ele gosta, pois essa é uma mentira que normalmente contamos para nós mesmos quando estamos apaixonados. Por exemplo, você não suporta andar de patins, mas a pessoa que você está conhecendo ama. Você tenta andar, leva um tombo e se acaba se machucando. E talvez andar de patins era algo que você odiava, mas disse que gostava só para agradar o outro. Estabeleça as preferências logo no início da relação. "Gosto disso, não gosto daquilo." Esse é um caminho saudável para o equilíbrio do relacionamento amoroso.

5. Desapego.

A grande maioria das pessoas confunde apego com amor e até acredita que apego seja um sentimento positivo, mas não é. O apego gera sofrimento, justamente porque não temos controle sobre absolutamente nada! Nem temos certeza se vamos acordar amanhã! A vida é feita por ciclos de desapego. Quase nada nos pertence, nem nosso corpo físico! A única coisa que lhe pertence é o espírito. Aprenda a desapegar-se e você vai desfrutar de relacionamentos mais leves e grandiosos!

6. Autorrealização.

Não é aconselhável depositar a nossa realização na felicidade do outro. Lembre-se sempre que você não é responsável pela felicidade de ninguém, e tampouco ninguém é responsável pela sua felicidade. Você é responsável por cuidar da sua própria harmonização, energia, ponto de atração, e quanto mais você zela por isso, melhor a qualidade dos relacionamentos que você vai atrair.

7. Diálogo.

Essa é básica. O casal precisa conversar. Precisa falar sobre o que gosta e o que não gosta. O que prefere e o que não prefere. Tem que ter conversa. Um relacionamento sem conversa não tem futuro. Manter um relacionamento de 20 anos como o meu exige muita conversa.

8. Compromisso.

Quando assumimos um compromisso com alguém, essa relação se estende também à vida virtual e às redes sociais. Com o avanço da tecnologia atualmente, criou-se um mundo paralelo, onde muitos compreendem que está tudo bem em ter uma vida real diferente da vida virtual. Quando firmamos o compromisso de um relacionamento, ele precisa se dar em todas as instâncias, e em todos os níveis para que seja algo sólido e duradouro.

9. Dominar a necessidade de estar sempre com a razão.

Neste caso, é sobre aquela velha pergunta: você quer ser feliz ou quer ter razão? Se a resposta for ter razão, provavelmente você vai ser muito feliz sozinho. Se a resposta é ser feliz, você poderá compartilhar de um bom relacionamento, pois aprendeu a tolerar. Uma lei natural do universo em que habitamos é que ele é feito de energia, portanto nós, seres humanos, também somos. E tudo o que é feito de energia está sujeito a oscilações. Você vai oscilar e seu parceiro também. Compreendendo essa lei natural e os ciclos que todos nós temos, fica mais fácil de tolerar e exercer o perdão.

10. Conservar o romantismo.

Comprar um presente para a outra pessoa de vez em quando, fazer uma comidinha que ela gosta, levar umas flores, arrumar a casa para a outra pessoa quando você mora com alguém. Procure motivos para alegrar seu parceiro no sentido de fazer pequenos agrados, dizer que o outro está bonito, elogiar e conservar o romantismo de ser querido.

Respeite os espaços

Nós necessitamos de um espaço seguro para refletir sobre a vida, sobre nós mesmos e o ambiente em que vivemos. Assim como você precisa de espaço, as outras pessoas também precisam. Então, não seja possessivo e permita que as outras pessoas respirem no tempo delas, no espaço delas.

"Solte as pessoas." 😉

Esse é um ótimo mantra que vai lhe ajudar a respeitar o espaço de cada um. Não se sinta responsável pelas pessoas que lhe rodeiam. Permita que elas se vão quando quiserem ir e não fique controlando ninguém. Solte as pessoas! Desapegue, mesmo que você esteja vendo claramente que ela vai quebrar a cara. Às vezes o que está sendo testada é justamente a capacidade que a pessoa tem de enxergar com clareza, e se você enxergar por ela e evitar seu sofrimento, também estará evitando seu processo evolutivo. Quando a pessoa é adulta, ela sabe o que faz, e se quebrar a cara, talvez aprenda alguma lição que será de grande utilidade. Então, permita que cada um tome suas próprias decisões e seja feliz cuidando de suas próprias atribuições, pois a nossa vida já nos dá trabalho suficiente.

Seja prático com as suas emoções

Essa é uma das dicas mais importantes na construção da autoestima. Não perca tempo com emoções negativas. Se precisar chorar, chore. Se precisar sentir algo, sinta. Mas seja prático, transmute rapidamente, não perca um tempo precioso da vida com um sofrimento inútil. O sofrimento além de ser dolorido, desestabiliza nossas células e pode destruir nossa saúde.

Sendo mais prático com suas emoções, talvez você aprenda a elaborar as coisas de uma forma mais rápida e eficaz. Dependendo da gravidade do que está lhe afetando, talvez você fique alguns dias deprimido, mas procure formas de sair disso o mais rápido possível. Seja prático! Resolva logo e evite varrer a sujeira para debaixo do tapete! Lembre-se que esse "tapete" é seu próprio corpo, que pode adoecer ao longo do tempo por conta de emoções negativas acumuladas.

Vigie-se e pergunte-se sempre: "O que estou sentindo?", então **faça algumas respirações, medite e use suas técnicas preferidas para eliminar esse sentimento negativo**. Procure métodos! Se você é reikiano, faça uma aplicação de Reiki em si mesmo. Tome um chá da Fitoenergética, pegue um cristal, enfim... Faça alguma prática para transmutar as emoções negativas rapidamente.

Sofrimento também vicia! Drama vicia! Tristeza também é um vício! Portanto procure sorrir mesmo que forçadamente, procure elementos para rir. Vá em busca de piadas, programas de humor, *podcasts*, vídeos! Algumas pessoas viciadas em sofrimento ficam 20, 30 anos no fundo do poço sofrendo ininterruptamente. Seja mais prático com as suas emoções. Você não precisa ficar 5 anos elaborando um sentimento negativo!

Vou falar algo que pode lhe tirar do mundinho da ilusão e já peço perdão por isso. Porque mesmo que as pessoas ajam errado comigo, ainda assim gosto de ajudá-las. Tenho essa síndrome...

Como sou naturalmente assim, descobri uma coisa a duras penas nos últimos anos: você precisa evitar ser bobinho! Existem limites. Não seja inocente e compreenda de uma vez por todas que a maioria dos seres humanos são interesseiros.

Então, pode ser que num relacionamento, se você não se doar em um determinado nível, o outro não vai mais lhe querer. **Para que haja harmonia na relação, precisa existir fluxo e refluxo de energia, doar e receber, para que ela seja equilibrada.**

Muitas vezes nós falamos demais e isso atrapalha os relacionamentos. Quando compreendemos isso, fica mais fácil perdoar. Seres humanos são interesseiros, falam demais e têm instinto de autopreservação. O ser humano quer se salvar a qualquer custo!

E nós erramos! Muito! Estamos o tempo todo errando porque somos falhos. Humanos surtam, então, por mais sensata que seja a pessoa que está do seu lado, ela pode surtar a qualquer momento. É importante compreender esses conceitos, pois você também pode passar por isso e nem perceber, pois na maioria das vezes é mais fácil olhar para fora do que enxergar nosso interior. Você pode ser interesseiro, falar demais, colocar seu instinto de autopreservação acima de qualquer coisa, errar e surtar. Quando temos visão de eternidade, fica mais fácil perdoar tanto as outras pessoas quanto a nós mesmos, porque somos todos humanos.

Todos nós podemos errar e também podemos perdoar, pois temos o dom do perdão. Ter visão de eternidade é saber que às vezes uma situação que você está passando agora e acha muito grave não vai ter significado nenhum daqui a 10 anos. Tenha visão de eternidade, olhe para a frente e pergunte assim: "O que é isso que estou passando diante da eternidade? É uma picuinha. Não é nada. Uma discussão boba é só uma picuinha diante da eternidade." Aprenda a perdoar. Perdoar a si mesmo pelos erros que cometeu, porque, diante da eternidade, isso não significa nada.

Vamos praticar?

Neste momento vou pedir que você vá até
a frente de um espelho, para fazer uma prática.

Você vai notar que, a esta altura,
já está bem mais fácil de se olhar.

Olhe nos seus olhos, sorria enquanto
fala consigo mesmo e diga:

"Olá, pessoa bonita! Olá, pessoa linda!
Eu te vejo. Eu te amo."

"Eu te aceito. Eu te respeito.

E juntos vamos reconquistar tudo
o que é nosso por direito.

Vamos vencer, porque somos uma semente divina.

Somos herdeiros divinos e estamos neste mundo
para sermos felizes, para expressarmos
a nossa beleza, a beleza do Divino Criador.

Eu te amo, eu te aceito, eu te respeito."

08

Autoestima e carreira

Quando você não tem autoestima, também não sente confiança, tem dificuldade para falar em público, é tímido, não consegue se sair bem numa entrevista de trabalho, e fica difícil estabelecer limites e aprender a dizer não. Quando falta autoestima, você não se arruma, não se gosta e fica naquela vibração de: "Pra que me arrumar se eu não tenho graça mesmo? Por que sorrir se ninguém me nota?". Como resultado, entra em um círculo vicioso e acaba afundando-se cada vez mais em um mar de dores e lamentações. Se torna inseguro e não tem confiança. Vamos começar agora a tratar sobre autoestima na carreira e na prosperidade.

A carreira é um dos pontos que mais mexe com a nossa autoestima, porque fomos criados e formados para que a carreira nos defina como pessoa. Então, muitas vezes alguém pergunta: "Maria, quem você é?", e a Maria responde que é advogada. Como se a profissão que escolheu definisse quem ela é. Dessa forma, tudo que acontece de errado na profissão atinge emocionalmente a pessoa de um jeito muito brutal, porque muitas vezes ela considera que é a própria profissão.

Eu me lembro de quando comecei a minha carreira. Quando me perguntavam quem eu era, em vez de dizer: "Eu sou a Patrícia" ou "Eu estou a Patrícia", eu respondia sobre o meu trabalho, o que eu fazia. Essa identificação excessiva com o trabalho, com os problemas que acontecem com um colega ou com o chefe, tudo isso mexe muito com a nossa autoestima, porque no ambiente de trabalho estamos em constante avaliação.

Pude ver ao longo dos meus anos na área de Recursos Humanos, pessoas que, ao serem demitidas, nunca mais se recuperaram, porque o desligamento e principalmente a forma como foi realizado, abalou a autoestima delas de um jeito que nunca mais conseguiram se reerguer emocionalmente.

A autoestima é um passo fundamental antes de você conquistar a prosperidade. A pessoa que não tem autoestima, que não confia no próprio taco, dificilmente vai chegar a ter abundância em sua vida.

Quando tratamos a autoestima de forma adequada, quando alguém resolve separar um tempo para cuidar de si, para olhar para dentro e ver quais são suas limitações e onde pode melhorar, já está dando um passo largo em direção à prosperidade. Muitas pessoas têm dinheiro, mas prosperidade não, porque os conceitos são diferentes.

Prosperidade é um fluxo de abundância em todos os níveis: carreira, saúde, relacionamentos, dinheiro, tempo livre, qualidade de vida e vários outros elementos, portanto não se resume apenas a dinheiro, e vamos aprofundar esse conceito mais adiante.

Sua carreira ou dos seus pais?

Como já mencionei anteriormente, a carreira é a maior expectativa de muitas pessoas durante a vida. Alguns pais e mães matriculam as crianças na primeira série já com a carreira definida. "Meu filho vai ser isso ou aquilo." Os pais de hoje nem tanto (e, se você é pai ou mãe, deve saber disso), mas antigamente isso era algo muito, muito forte (e, se você está lendo este livro, provavelmente passou por algo assim em sua família).

Se a mãe é jornalista, já matricula a filhinha no primeiro ano, na primeira série, imaginando que a filha vai apresentar um telejornal, vai ser uma jornalista de sucesso. Se a família é de médicos ou advogados, a profissão é quase um destino. Afinal, o consultório já está montado, a firma já existe, e alguém precisa tocá-los adiante no futuro.

Fato é que nossos pais sonham por nós e acabam projetando nos filhos os sonhos que são deles. E aí muitas vezes os filhos vão parar numa carreira que não gostam pela falta de confiança.

Também existem pessoas que optam por uma carreira pensando apenas no ganho financeiro. Conheço pessoas que gostariam de dar aula, mas como no Brasil existe o conceito de que ser professor "não dá dinheiro", então decidem ser médicas ou advogadas. E assim passam uma vida inteira trabalhando se sentindo infelizes porque acreditam que o dinheiro está vinculado à formação acadêmica.

Prosperidade não tem ligação nenhuma com a carreira que você escolheu, mas sim com as suas atitudes, emoções, seus pensamentos e habilidade de produzir renda; e isso depende muito mais do seu fluxo de energia do que sua capacidade intelectual. Muitas vezes temos um trabalho ruim, um chefe ruim e nos perguntamos o que fizemos para merecer isso!

Aliás, essa é uma pergunta muito comum em outros aspectos da vida. "O que foi que eu fiz para merecer essa sogra? O que foi que eu fiz para merecer essa cunhada? O que foi que eu fiz para merecer essa pessoa na minha vida? O que foi que eu fiz para merecer isso?" Você fez alguma coisa, sim. Porque tudo que temos na vida se dá por ponto de atração. **Nós atraímos pessoas e situações que têm sintonia conosco!** 🤭 **Tudo o que está presente em sua vida foi você quem atraiu!**

É muito importante você se responsabilizar por tudo que lhe acontece. Se a sua vida é um castelo assombrado, parabéns, foi você que construiu. Se a sua vida é um castelo encantado, parabéns, foi você que construiu. Nós atraímos as coisas por afinidade, por semelhança. 🧲

Sendo assim, se você tem uma sogra insuportável, você precisa dela para evoluir. É por isso que você a merece, porque precisa dela para crescer. Sua sogra não é uma inimiga, não é uma vilã, ela é uma professora que talvez esteja na sua vida para ensiná-lo a ter paciência. Talvez tenha vindo de encontro à você para lhe ensinar tolerância.

Quando invertemos essa ótica, a vida começa a ficar mais simples de ser entendida. Quando enxergamos as outras pessoas como professores, vemos também as dificuldades que passamos como oportunidades de evolução e aprendizado.

Iniciar a nossa jornada profissional é como ir para a escola pela primeira vez! Quando vai para a escola pela primeira vez, com mais ou menos 6 ou 7 anos de idade, é que você descobre a crueldade do mundo. É na escola que descobrimos que existe apelido, rótulos e *bullying*. Nós saímos da bolha protetora do papai e da mamãe e descobrimos as coisas ruins do mundo, as musiquinhas e piadas que subvertem a nossa mente. Tudo isso nós aprendemos na escola com os piores colegas, aqueles que já trazem essas coisas de casa e de sua má educação.

Entrar na jornada profissional é como ir para a escola pela primeira vez, só que com pessoas adultas. É como se você estivesse se matriculando lá na primeira série do ensino fundamental. Só que você está começando a sua vida profissional com um monte de gente adulta que também vai colocar apelido em você, também vai fazer *bullying*. Nas empresas é um "salve-se quem puder", então é como se fosse aquela jornada se repetindo mais uma vez, só que em outro nível.

E quem é que aparece de novo? O Ministério da Minhoca! Ele está sempre presente, trazendo as crenças das outras pessoas, o que as outras pessoas colocam na nossa cabeça: "É preciso trabalhar muito", e você se mata trabalhando. "O trabalho é um campo de batalha", e você enxerga que é uma guerra e precisa ser o vencedor. "Trabalhar é uma coisa chata." Tudo isso são crenças que temos porque fomos aprendendo assim ao longo da vida.

E nos libertarmos dessas minhocas é fundamental para termos uma vida leve e feliz no trabalho!

Pressão no trabalho

Quando chegamos ao trabalho, os medos irracionais começam a aflorar! Medos esses que residem no nosso DNA, que vêm dos nossos antepassados, que estão registrados a ferro e fogo dentro de cada um de nós, principalmente pelo fato de o ambiente de trabalho ser extremamente competitivo.

Então, como somos educados para nos comportarmos no trabalho? O que é que os nossos pais falam, que as pessoas que nos educam dizem? Que você precisa competir, ser o melhor, ter um excelente desempenho no trabalho, dar o sangue, ser o mais bonito, ser o mais bem-vestido, ser notado, estar em forma, precisa chamar atenção, estar atento às novidades, sempre atualizado sobre o que está acontecendo na área em que você trabalha e precisa ser mais rápido que os seus colegas, senão eles vão passar na sua frente. Só de pensar em tudo isso, eu já cansei e acho que você também, não é mesmo?!

Muitos de nós colocamos uma pressão absurda sobre os nossos ombros quando falamos de trabalho. E isso está em nosso lado inconsciente, pois plantaram na nossa cabeça a ideia, quase a certeza, de que devemos ser tudo isso: o melhor, o mais bonito, o mais incrível, que necessitamos tentar tudo e fazermos o melhor. E muitas vezes a pessoa não suporta, não aguenta tanta pressão. 💻

É nesse momento que a autoestima vai para o buraco. A pessoa fica sempre com a sensação de que está ficando para trás, de que está sempre aquém da própria capacidade. 😩 E a autoestima vai para o beleléu.

Tudo começa a mudar quando aceitamos a nossa vulnerabilidade. Ninguém pode ser forte o tempo inteiro, ninguém consegue estar no máximo de desempenho o tempo inteiro. Sabe máquina quando dá 100% da capacidade, produzindo o dia inteiro? Em algum momento ela vai estrilar, vai estourar, não vai aguentar produzir 100% da capacidade o tempo todo.

E muitas vezes é assim que nos colocamos: como máquinas. Então, quando você aceita que às vezes pode se sentir vulnerável, tudo fica mais fácil, porque você percebe que é humano! E quando você se coloca no lugar de ser humano, de falível e vulnerável, quando percebe que pode errar e que está tudo bem, as coisas começam a mudar na carreira, no trabalho, na autoestima.

Isso também é ter humildade, porque às vezes o que não permite que nos vejamos numa posição de vulnerabilidade é o orgulho. 😆 Nós, seres humanos, somos muito orgulhosinhos.

Temos medo de sermos julgados, de que falem de nós. Já mencionei que minha autoestima foi construída de tijolinho em tijolinho, porque eu sofri muito em diversas áreas da vida. Como já contei, começou na escola, pelo meu corpo, porque sempre fui gordinha, sempre estive acima do peso, por isso era motivo de zoeira o tempo todo.

Na vida profissional, quando eu estava com uma carreira bem-sucedida, decidi dobrar uma esquina da vida e nunca mais voltei. 🕉 Decidir largar minha profissão formal para me tornar terapeuta holística. Só que, quase 20 anos atrás, as pessoas achavam que terapeuta holístico era alguém que cuidava dos olhos! 🚭 Engraçado, né?

Ninguém sabia o que era isso, então eu e meu colega Bruno Gimenes fomos os pioneiros nessa área. E eu, mais uma vez, sofri muito *bullying*. As pessoas diziam que eu tinha virado bicho grilo, macumbeira. (Nada contra a umbanda. Aliás, as pessoas que dizem esse tipo de coisa, falam em um sentido pejorativo e nem sabem que macumba é um instrumento de percussão.) As pessoas falam essas coisas que julgam pejorativas: virou bruxa, virou macumbeira, parou a carreira de sucesso e vai começar a vender incenso na praça. As pessoas falavam isso porque não tinham noção do que era a terapia holística e do impacto que poderia causar no mundo, um mercado novo que estava se abrindo, que estava começando no Brasil. E eu decidi investir nessa carreira, que diga-se de passagem deu muito certo, e se hoje conquistei prosperidade, sucesso e realização na minha vida, foi justamente por ter tomado essa decisão!

Vulnerabilidade

Mudar muitas vezes nos deixa vulneráveis, porque pensamos que não seremos mais respeitados como antes. Muitas pessoas pararam de me respeitar quando eu decidi mudar, mas qual é o preço de ficar numa carreira da qual você não gosta? Qual é o preço de não tomar uma atitude por medo de sofrer *bullying*? Ou então, pensando no que a sua família vai achar?

Minha mãe, por exemplo, já tem 82 anos, e ela ficou desesperada quando eu disse que era terapeuta holística. A maior preocupação dela era justamente porque eu estava num mercado novo e que ainda não tinha reconhecimento. No fundo, o que ela queria era que eu fizesse alguma atividade que ela conseguisse explicar para as amigas e que ela sentisse orgulho da minha nova profissão. E ela não conseguia sentir orgulho de algo que ainda não era conhecido. Mas naquele momento fiquei tranquila e entendi o processo dela, sem desistir da minha decisão por isso.

Acho que o fato de eu ter sofrido muito *bullying* quando era criança e ter crescido sendo ridicularizada e menosprezada, fez com que eu não me importasse tanto com o que os outros pensam. Senão eu não teria sobrevivido.

E assim eu troquei de profissão. Problema de quem não concordasse, azar de quem não gostasse. Eu decidi que ia ser feliz do meu jeito, trabalhando com o que amo, fazendo o que gosto.

Às vezes surgem bifurcações na sua vida, e você precisa decidir o que quer. Você quer agradar a todo mundo e ser cobaia dos outros, ser capacho deles? Ou você vive à sombra dos outros, ou revoluciona completamente a sua vida, toma uma decisão, assume as rédeas e diz: "Sou eu que mando aqui e vou fazer da minha vida o que eu bem entender, e ninguém tem nada com isso."

Às vezes você precisa dar esse grito de liberdade. **Ninguém vai fazer isso por você.** Lembre-se: Não existe neste momento ninguém elaborando um plano mirabolante para lhe salvar.

Eu sei que são palavras duras, mas eu estou aqui para ajudar você, para lhe sacudir e não para ser amada por ser "boazinha". A vida inteira eu precisei me virar sem o amor dos outros, então estou aqui para ajudá-lo a sair do buraco, não para falar coisas bonitinhas, fofinhas e confortáveis.

Na maioria das vezes a conquista da autoestima não se trata de um pote de *marshmallow*. Este livro foi feito para lhe sacudir, ajudá-lo a sair da zona de conforto, tirá-lo do buraco. Se você está no fundo do poço e descobriu que ele tem um porão, e caiu lá dentro ainda mais fundo, eu vou aí lhe buscar, mas não posso tirá-lo daí sem a sua ajuda.

Algo muito importante sobre vulnerabilidade é você compreender que está tudo bem ser vulnerável de vez em quando, chorar de vez em quando e se sentir frágil, desde que você não fique aí para sempre. Uma das coisas mais importantes é você entender que todo ser corajoso, toda pessoa corajosa tem um ambiente, um espaço seguro onde pode ser vulnerável. Não podemos ser corajosos sem termos ao menos um espaço seguro no qual elaborar nossos medos e nossas quedas.

Esse espaço seguro pode ser o ombro de um amigo, alguém com quem você se sinta confortável e à vontade para falar tudo o que gostaria. Pode ser um lugar na sua casa, a poltrona onde você se senta para pensar na vida. Pode ser o banco de um parque aonde você gosta de ir no fim de semana com seu cachorro para ficar ali e refletir sobre os seus medos, as suas quedas, ver que você caiu, pensar no que vai fazer para se levantar, como vai sair dali.

A coragem só existe porque existe o medo. É fundamental aprendermos de uma vez por todas a transitar entre os contrastes, porque o ser humano só aprende com eles.

Certa vez, numa meditação que eu e o Bruno fazíamos, surgiu um ser de luz em nossa tela mental e nos falou isso, nós visualizamos isso, que o ser humano só aprende por contraste. Não tem como alguém experimentar o frio sem passar pelo calor e vice-versa. Não tem como alguém entender o que é escuro sem passar pelo claro, não tem como alguém viver a noite sem entender o dia, ou o dia sem compreender a noite.

Precisamos dos contrastes para aprender, e você pode ser uma pessoa extremamente corajosa, um general, líder de um exército, extremamente intrépido, mas um dia você vai se sentir vulnerável. E quando você se sentir vulnerável, vai precisar criar um espaço onde possa elaborar seus medos e suas quedas. A pergunta que eu faço é: Você tem esse espaço hoje? Tem alguém com quem possa conversar?

Tive um cachorro que eu amava muito. Talvez ele tenha sido o ser que mais amei nessa vida. O nome dele era Thor. E ele era um espaço seguro para mim. Eu me sentava e conversava como se ele fosse um conselheiro. Ele me olhava nos olhos e entendia tudo que eu dizia. Ele era um espaço seguro onde eu podia elaborar meus medos e minhas quedas.

Uma das coisas mais difíceis para mim, lembro bem, era a ideia de ser escritora. Eu não tinha autoestima nenhuma nessa área. Minha autoestima era zero. Eu acreditava que, se escrevesse um livro, ninguém ia ler.

Manifesto da Autoestima

Eu me lembro do dia em que conversei com o Thor sobre isso e perguntei o que ele achava. Ele só ficou me olhando, mas entendi o que ele queria dizer. Parecia até que ele estava falando comigo. Você pode achar maluquice conversar com cachorro, mas eu sou assim mesmo. Não é porque ele não fala com palavras que não está me entendendo e eu não o estou entendendo.

E eu ouvi uma voz interior que disse: "E daí se ninguém ler? Tudo bem! Pelo menos você tentou! Você se esforçou, fez um bom trabalho. Se ninguém ler, está tudo bem."

A verdade é que eu estava morrendo de medo de escrever e lançar aquele livro. Morrendo de medo! Mas tentei mesmo assim. E o que aconteceu foi que o primeiro livro que escrevi, o *Grandes Mestres da Humanidade*, se tornou um *best-seller*. Ele já vendeu milhares de cópias e transformou milhares de vidas. 📖

E se eu tivesse me deixado levar pelo medo? Se eu não tivesse elaborado isso e escrito o livro? Quantas vidas eu teria deixado de impactar por insegurança, por medo, por besteira?

É muito importante ter um espaço seguro para elaborar cenários. Qual é o pior cenário? Essa é uma pergunta que você pode se fazer sempre.

Por exemplo: "Estou num relacionamento abusivo, a pessoa abusa de mim o tempo inteiro. Quero sair, mas não estou conseguindo. Se eu sair disso, se eu me livrar disso, qual é o pior cenário?". Quando você imagina o pior cenário, já está preparado para ele.

Às vezes você quer sair do trabalho. Você não suporta mais aquelas atividades, o chefe, a carreira, aquela repartição pública, as pessoas reclamando, toda aquela energia negativa. Você não aguenta mais e precisa planejar o que vai fazer para sair de lá. Às vezes você quer sair, mas tem 3 filhos pequenos e necessita daquele dinheiro. Eu entendo, mas isso não impede que você faça uma transição de carreira planejada, com o objetivo de arrumar outro trabalho.

Planeje! Planejamento e organização podem salvar a sua vida e a sua família! E saiba que 2 anos é mais ou menos o tempo que o corpo suporta trabalhar em um local desagradável sem adoecer.

Aprender, ensinar e ajudar

Um dos maiores problemas que vivemos hoje é que os ambientes de trabalho estão cada vez mais competitivos e menos colaborativos, então a pessoa se mata competindo com os colegas e, principalmente, se comparando. Se eu pudesse identificar os maiores venenos dentro do processo de autoestima, diria que são a competição, a comparação e a cobrança. Elas destroem os relacionamentos profissionais e pessoais.

E as pessoas se comparam no ambiente corporativo o tempo inteiro, sendo que sempre vai existir alguém melhor que você e outras piores. Sempre vai existir alguém para ser páreo, um inimigo à altura. **Então, seja você mesmo!** Outro dia eu vi uma frase ótima: "Você fica linda quando se veste de si mesma". Seja você, dê o seu melhor, faça tudo que puder, porque hoje as empresas contratam mais por perfil comportamental e índole, do que pelo perfil técnico.

Aqui na Luz da Serra fazemos muito disso em nossos processos seletivos. Às vezes a pessoa não é a melhor tecnicamente, mas, se tem uma energia boa, se é do bem, se é feliz, essa é uma premissa dentro da Luz da Serra. Sempre contratamos gente feliz, porque as coisas técnicas a pessoa pode aprender depois. No entanto, se ela é feliz, se tem alto astral, se é uma pessoa para cima, está em sintonia com a energia da empresa.

Agora imagine um ambiente competitivo, onde há cobrança, comparação, meta e resultado. Aqui também temos isso, mas é um ambiente colaborativo, onde todo mundo se ajuda. As metas são coletivas e, quando temos prêmios, todos recebem. Esse é o ideal. É um ambiente onde a colaboração de todos constrói um projeto de sucesso e não um ambiente onde há competição.

Acho que nessa era em que estamos vivendo, a tendência é o ambiente competitivo se transformar no ambiente colaborativo, porque muitas pessoas estão procurando qualidade de vida, buscando fazer o que amam. E uma boa fórmula para um ambiente colaborativo é aprender, ensinar e ajudar, que são os mesmos princípios do astral superior e dos seres evoluídos.

Como podemos viver bem e em paz? Aprendendo, ensinando e ajudando. Se você usar essas 3 premissas no seu trabalho, a sua autoestima só vai aumentar.

Comunicação com amor

A comunicação é um dos principais fatores que impactam nossa carreira, vida profissional e nossa autoestima nesse setor. Você pode dizer o que quiser para quem quiser, desde que faça isso com amor. Quando uma situação acontece, os sentimentos ainda não estão muito elaborados, assim como os pensamentos, talvez você esteja bravo, irritado.

É importante esperar um tempo até que os sentimentos decantem, para que possamos elaborar a melhor maneira de comunicar o que desejamos. Quando a fala sai direto do estômago para a garganta, sem passar pelo coração primeiro, o resultado pode ser desastroso. Se sai direto do terceiro chacra (estômago) para o quinto (garganta), você sai agredindo as pessoas e colocando a boca no trombone. Espere passar, se acalme, chame a pessoa e converse com ela, usando o tom de voz adequado e sem ofensas.

Existem duas maneiras de falar. Você pode dizer aos gritos: "Fulano, vem aqui, quero falar com você. Olha só o que aconteceu! Olha só o que você me fez!!!". Essa é uma forma agressiva.

Ou você pode chamar a pessoa e dizer: "Fulano, preciso conversar com você sobre uma situação que aconteceu ontem e que me desagradou. Você fez isso e eu me senti constrangido na frente das outras pessoas. Então eu gostaria de pedir que isso não se repetisse, porque foi muito desagradável para mim. Se acontecesse com você, você não iria gostar também. O que você tem para me dizer sobre isso?".

São duas maneiras de falar a mesma coisa: uma colocando a boca no mundo, a outra de forma equilibrada, tranquila e com discernimento. Quando você coloca a boca no mundo e fala agressivamente, a outra pessoa vai se defender. Ela não vai nem deixar a informação entrar, vai simplesmente rebater.

Essa situação se transforma em um pingue-pongue de agressividade. É melhor resolver as coisas com tranquilidade, falando com amor tudo que precisa ser dito, tudo que o desagrada. Você pode dizer com calma e com tranquilidade que não está satisfeito com alguma coisa no trabalho, e então tentar resolver.

Um dos maiores problemas da humanidade é a comunicação ineficaz, que vem do quinto chacra desequilibrado. São tantos sentimentos acumulados no estômago ao longo dos anos, não digeridos, que uma hora esses sentimentos explodem. E aí essas coisas nem passam pelo quarto chacra, associado ao coração, onde reside o amor. Elas simplesmente vão direto para o quinto chacra, da garganta, e saem todas de uma vez, de qualquer jeito.

Não permita que isso aconteça! Não deixe as coisas no trabalho se acumularem. Tenha autoestima, converse com seu superior e com seus colegas de forma tranquila, com amor. Esse é o meu conselho. Você pode falar o que quiser para quem quiser, desde que seja com amor, com a intenção de se acertar com aquela pessoa.

Agora, se você gosta de reclamar de alguém, de pegar no pé e de implicar, aí fica mais difícil de resolver essa questão. Algumas pessoas são viciadas em estar sempre de conflito com alguém, não importa quem seja!

Conheço várias pessoas que sempre têm um algoz, um inimigo. Elas sempre buscam conflito e briga com alguma coisa ou com alguém. São pessoas viciadas em estresse.

Nossos sentimentos, pensamentos e emoções têm substâncias químicas, que produzem neurotransmissores no corpo. Uma pessoa viciada em reclamar está sempre reclamando; uma pessoa viciada em estresse está sempre estressada; uma pessoa viciada em implicar com os outros está sempre implicando com alguém. **Nunca é tarde para se transformar!** Se você estava nessa situação, comece agora seu processo de reforma íntima, e eu acredito que sua reforma já está em andamento desde que você decidiu ler esta obra.

Saia do estado de vítima

Um dos grandes antídotos para você ter sucesso na sua carreira é sair do estado de vitimização. Se tem uma coisa que aprendi com toda a minha experiência de consultório, de escritora, de professora, de todos os cursos na área holística, é que não existe culpado, não existe mocinho, não existe bandido, não existe vilão.

Manifesto da Autoestima

Tudo é atraído pela energia que emanamos, pela energia que emitimos. Bem, talvez eu esteja sendo um pouco dura, mas já falei que não estou aqui para afofar ninguém. Estou aqui para falar verdades. Como dizem por aí, "trago verdades". Se você é uma pessoa que está sempre descabelada, que não se arruma, não passa um batom, não sente vontade de sorrir, você não gosta das outras pessoas.

Quando você passa por alguém e dá um sorriso, às vezes é esse sorriso que vai curar essa pessoa. Quando você se arruma, ajeita o cabelo, põe uma roupa bonita, passa um perfume, além de ser um autocuidado, um ato de amor próprio, é um ato de amor pelas outras pessoas, porque às vezes o seu sorriso é a única coisa boa que a pessoa vai ver naquele dia.

Quando você acorda de mau humor e com a cara horrível, dizendo que não vai se arrumar, não vai tomar banho, não vai nem pentear o cabelo, você está de novo no buraco, na vitimização, se sentindo a pior das pessoas, o pior do mundo, a pior vítima.

Por exemplo, algumas pessoas gostam de ficar de pijama em casa. Pijama é para dormir! Assim que você sair da cama, tire o pijama, tome um banho, vista uma roupa decente, mesmo que seja para ficar em casa. Arrume-se para ficar em casa, porque você merece uma companhia bonita, bem-arrumada. Claro que não temos que colocar cílios postiços para ficar em casa, mas esteja apresentável, agradável para si mesmo. Já que autoestima é a capacidade de se apoiar nos momentos de crise, você não vai querer estar jogado de pijama em casa quando se olhar no espelho, certo? **Você merece uma companhia arrumadinha e bonita.**

Quem assume a postura de vítima como um *modus vivendi* não tem força para nada, normalmente nem para tomar banho. Trabalhei muitos anos em consultório e sei que num momento depressivo, a pessoa não quer nem existir! Consigo compreender esse aspecto de uma forma bem prática e abrangente. Um comportamento, um pensamento, uma atitude, um trauma difícil. São coisas que aconteceram na vida dessa pessoa. Então, precisamos compreender que muito antes da reposição com remédios daquilo que está faltando, alguma coisa fez a pessoa chegar a esse estado, e normalmente é o estado de vitimização, quando a pessoa se sente uma coitada, sem saída. 😵

As pessoas com tendência suicida, por exemplo, normalmente não querem morrer. Muitas pessoas passaram pelo meu consultório e eu perguntei: "Tudo bem, mas o que você quer de verdade? Morrer? É isso que você quer de verdade?". E a resposta da pessoa era: "Não, eu só queria resolver os meus problemas."

♥ A pessoa com tendência suicida não quer morrer. Se você mostra a ela que existe um caminho, que existe uma forma de resolver todos os problemas, ela desiste daquele ato, porque nosso instinto de autopreservação fala mais alto.

Tudo começa no estado de se sentir vítima de alguém, de alguma coisa. Você não é uma vítima de ninguém, você é livre para sair seja do que for – de um relacionamento abusivo, de um trabalho que o escraviza, de qualquer situação da vida em que você esteja preso. Você pode sair do mesmo jeito que entrou.

Vitimização não combina com autoestima. É preciso sair daí, desse estado de vitimização. Então reúna o máximo das suas forças para agir, nem que seja apenas para dar o primeiro passo na direção das suas metas.

Paixão, habilidade e renda

Para ter uma carreira de sucesso, uma carreira feliz, é necessário achar seu PH$. O que é o PH$?

P é de paixão. Para ter uma carreira dos sonhos, na qual você é feliz, brilha, tem autoestima, você deve encontrar alguma coisa que ame fazer. Pela qual seja muito apaixonado, que dê sentido à sua existência. É uma paixão no sentido positivo, algo que lhe realiza.

Por exemplo, escrever é uma paixão para mim, gravar vídeos é uma paixão, trabalhar com terapias naturais, dar palestras sobre esses assuntos, a filosofia também é uma paixão para mim. Para ter uma carreira bem-sucedida, é fundamental você encontrar um nicho de trabalho pelo qual se sinta apaixonado. 🤩

Se alguém me perguntasse "Você faria isso de graça?", minha resposta seria "Sim". Tanto que dou várias aulas gratuitas. Faço de graça, adoro ensinar, amo ajudar e aprender. Aprender, ensinar e ajudar são as minhas paixões. É esse trabalho que eu faço. Você precisa descobrir qual é a sua paixão.

Uma dica: dê uma olhada na maioria dos livros que você tem em casa. Qual é o assunto desses livros? Essa é a sua paixão.

Se você é contador, mas só tem livros de culinária em casa, a sua paixão não é ser contador, senão você só teria livros de contabilidade em casa. Sua paixão é cozinhar, sua paixão é comida, gastronomia!

Você também pode olhar os vídeos que salva como favoritos no YouTube. Sobre o que se trata a maioria deles?

Pergunte-se: O que você faria até de graça, sem cobrar nada de ninguém?

Mas não adianta ser apaixonado por algo, se você não tem habilidade (**o H do PH$**) para trabalhar com isso. É preciso ter habilidade, algum dom, talento e expertise. Se não é uma habilidade natural, mas você tem vocação, você sempre pode aprender e se desenvolver. Não importa como, você deve buscar desenvolver as habilidades necessárias.

E o cifrão ($) é a renda. O $ refere-se a alguma coisa que você faz com paixão, que você tenha habilidade para fazer e que seja rentável. Que dessa união entre paixão e habilidade venha alguma renda para você, que tenha público pagante, que você consiga receber por aquilo. Por exemplo, hoje eu escrevo, o livro é lançado, vendido e eu recebo *royalties* pelos direitos autorais. A minha paixão por escrever gera uma renda, então de nada adianta eu ter uma paixão e uma habilidade, mas não existir um nicho que pague por isso.

Voltando ao caso do contador, talvez ele até tenha alguma habilidade e talvez esteja ganhando um pouco. Mas, se estivesse no ramo de gastronomia, poderia ser um hábil chef de cozinha e ter um negócio nessa área, obtendo uma renda muito maior.

Encontre um equilíbrio entre as 3 coisas: paixão, habilidade e renda. Procure o ponto de interseção entre essas coisas e quando encontrar, você vai ter muita autoestima na carreira. No ponto de união dessas 3 coisas você vai ter a sua realização. É ali que você se sente realizado e cheio de autoestima em sua jornada profissional.

Criando a sua autoestima profissional

Descubra o que mais ama fazer. O primeiro ponto para você ter mais autoestima no trabalho, na carreira, é encontrar o que mais ama fazer, aquilo que faz seu coração vibrar. Não pense agora na renda, vamos falar disso depois.

Pegue seu caderno e escreva: Qual é o mercado que faz seu coração vibrar? O que você mais ama fazer?

O trabalho vai ocupar uma parte significativa do seu dia. A maior parte do seu tempo acordado, na verdade. Imagine como seria (talvez você nem precise imaginar, não é?) passar tantas horas fazendo algo que não gosta? Eu, por exemplo, trabalho muito, então, se passasse todas as horas do dia fazendo uma coisa que não gosto, seria horrível e deprimente.

Passamos muitas horas do dia no trabalho para nos dedicarmos a uma coisa da qual não gostamos. É preciso fazer o coração vibrar. É essencial que você sinta alegria fazendo o que faz.

Pense, por exemplo, num pai de família evangélico que precisa trabalhar numa indústria de cigarros para sustentar a família. Ele precisa do emprego, mas a religião dele proíbe o fumo, então seu coração não está nem um pouco alinhado com aquele trabalho. O propósito de vida dele está desalinhado com a sua missão da alma! O coração não vibra, ele até sente um pouco de culpa, mas se sujeita ao sofrimento para poder sustentar sua família. Com o passar do tempo esse processo se torna doloroso pois implica inclusive a saúde. Lembre-se sempre: para você ter alegria e felicidade na vida, seu trabalho deve estar alinhado a sua missão e propósito pessoal.

Busque fazer um trabalho que ajude a melhorar o mundo. Faça alguma coisa que você acredita que vai transformar o mundo num lugar melhor.

Eu mesma faço esse trabalho porque acredito que, quando as pessoas se transformam, o mundo melhora. Eu sempre digo que gente feliz não enche o saco. Então, quando as pessoas estão felizes, sentindo-se bem, transformadas, cheias de energia, alegria e motivação, o mundo se torna um lugar melhor.

Invista nas suas habilidades e delegue o restante. Às vezes nós insistimos em fazer uma atividade em que não somos habilidosos. O meu conselho é: não insista! Não queira forçar a barra em algo que você não nasceu para fazer. Nesse caso, delegar é a chave: encontre alguém com mais habilidade e peça para essa pessoa fazer!

Por exemplo, se eu tentar pintar meu cabelo em casa, vou fazer uma bagunça e tanto, vai voar tinta nas paredes e o resultado vai ser bem ruim, pois não tenho habilidade para isso! É muito melhor eu ir até o cabeleireiro para fazer isso, pois é um trabalho profissional, e com resultado incrível.

Aprenda a investir nas suas habilidades, pois tempo é o nosso ativo mais precioso. Um dos grandes segredos das pessoas prósperas é não perder tempo com aquilo que alguém pode fazer por elas. Por exemplo, eu não posso contratar alguém para correr na esteira por mim, isso é algo que eu mesma preciso fazer. Por outro lado, há algumas coisas que posso terceirizar, assim economizo tempo – inclusive para correr na esteira – e ainda faço a economia girar, pois invisto meu tempo nas minhas habilidades e naquilo que apenas eu mesma posso fazer. A grama do meu quintal precisa ser cortada, mas isso não tem que ser feito por mim. Posso contratar alguém e usar esse tempo que vai me sobrar para fazer coisas nas quais sou boa.

O seu tempo é seu principal recurso, e ele só anda para a frente. O tempo perdido fazendo uma tarefa que não deveria ser sua nunca mais vai voltar. Pense nisso da próxima vez que decidir não delegar alguma coisa por qualquer motivo que seja. Tempo mal investido é tempo perdido! Aproveite bem seu recurso mais valioso e não perca tempo com bobagem!

Jamais pare de desenvolver suas habilidades. Estude e aprenda sempre! Se quiser ter autoestima na carreira, você precisa estar em constante evolução. Mas para isso, para que você queira continuar estudando e aprendendo mais, escolha um trabalho pelo qual você é apaixonado. Quando alguém não ama o que faz, não vai querer estudar, não vai querer aprender, vai achar tudo um saco. Para continuar evoluindo na profissão, estudando e aprendendo, aconselho que você seja completamente apaixonado pelo que faz.

Trabalhe com alegria e energia alta. Você vai passar pelo menos 8 horas do seu dia no trabalho. Então mantenha a alegria e a energia altas, mesmo que ainda não seja o trabalho dos seus sonhos. Mesmo que você não goste dos seus colegas, do seu chefe ou do ambiente, procure fazer suas tarefas com alegria e já pense em um plano de transição de carreira e foque no futuro, mas sempre agradecendo pelos aprendizados do seu momento presente!

Seja autorresponsável e esteja para cima, e não com aquela cara de quem já morreu mas ainda não sabe. Se você souber aproveitar, o ambiente profissional pode ser o cenário perfeito para sua reforma íntima.

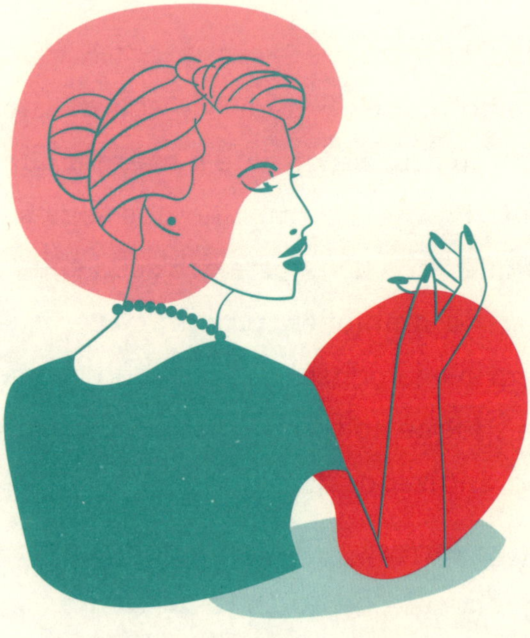

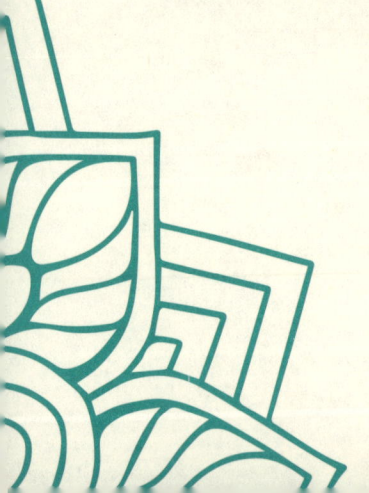

09

Autoestima e prosperidade

Muitas pessoas não se sentem merecedoras da prosperidade, e um dos sinais de que uma pessoa não tem autoestima para ser próspera é a raiva que sente dos ricos. A verdade é que a maioria das pessoas que tem raiva dos ricos não tem autoestima em relação à própria prosperidade e desconta isso sentindo raiva de quem tem. É uma forma de se defender. É comum fazer comentários como: "Não gosto de fulano. Ele é muito metido só porque tem dinheiro". Mas normalmente quem comenta isso não se dá uma chance de conhecer a pessoa e compreender seus motivos.

Nós vivemos dentro de um sistema capitalista. Você pode até ser um ativista contra o capitalismo, mas o fato é que sem dinheiro você não come, não vive, não faz nada. Nós precisamos de dinheiro para quase tudo. $

Então, pelo menos enquanto não conseguir mudar o sistema, você pode mudar o seu paradigma, as crenças que têm sobre o dinheiro, porque todos nós merecemos a prosperidade. Aliás, prosperidade não é só dinheiro, mas um estado de abundância. Os medos escondem seus maiores tesouros, e assim você fica vibrando no medo e afasta o fluxo da prosperidade.

Mas por que você sente esses medos? Porque você tem na cabeça minhocas sobre a riqueza, que são as crenças limitantes sobre dinheiro.

Por exemplo, Jesus era pobre no sentido de ter feito uma renúncia, de ser uma pessoa simples, humilde, mas ele materializava o que queria, pois tinha esse poder. Madre Teresa fez voto de pobreza, mas administrava milhões de dólares todo mês, recebidos pelas Missionárias da Caridade (a ordem pela qual ela desenvolvia seu trabalho), então o fluxo da abundância passava por ela, mesmo tendo feito voto de pobreza. Ou seja, mesmo uma pessoa que faz voto de pobreza pode ter abundância e prosperidade na vida, nem que seja para fazer caridade e ajudar os outros.

Você consegue entender a diferença entre uma coisa e outra? "Prosperidade não é para mim" é mais uma minhoca da sua cabeça. São coisas que foram colocadas na nossa cabeça pela sociedade, pela mídia e às vezes pela nossa família. Imagine se todo mundo tivesse o esclarecimento de que ter prosperidade é algo bom? Alguém iria sair perdendo com isso!

A maioria das pessoas foi convencida de que ser rico, ter abundância e prosperidade é uma coisa ruim. "Se eu for rico eu vou me corromper!" Você vai se corromper se for corruptível, não se for rico. Se for uma pessoa do bem e altruísta, o dinheiro não vai corrompê-lo, você não vai deixar de ser quem é.

O dinheiro é apenas um pedaço de papel. O que um pedaço de papel pode fazer com uma pessoa? Nada! O que importa de fato é o que a pessoa faz com ele. O dinheiro não tem poder e possui uma energia neutra! 💰 Quem dá poder ao dinheiro somos nós, dependendo daquilo que fazemos com ele. Então, a verdade nua e crua é que o dinheiro só potencializa quem nós somos. Quando a pessoa não tem maturidade, "dinheiro na mão é vendaval", como diz a música. Mas se ela for altruísta e tiver uma boa alma, o dinheiro que vai para a mão dela ajuda muita gente.

São muitas as histórias que o Ministério da Minhoca cria em relação à riqueza: "Jesus era pobre", "Prosperidade não é para mim", "Ricos mentem", "Ricos são do mal", "Dinheiro na mão é vendaval", "Não tenho competência para ser rico". Todas essas afirmações se tratam de crenças limitantes e inconscientes que você viu em filmes ou ouviu enquanto crescia.

Nós vemos isso desde crianças em desenhos animados, novelas, filmes, e vamos aprendendo de um jeito torto. "Não adianta ter dinheiro se a pessoa é egoísta, não adianta ter dinheiro se a pessoa é do mal, é melhor ser pobre e bom do que ser rico e egoísta." Não tem lógica. Por que você não pode ser rico e bom? 🤑 E existem também muitos pobres que são egoístas, pois como têm poucos recursos, precisam pensar primeiro em si mesmos.

Será que você consegue perceber que tudo são construções que fazemos de forma equivocada na nossa mente e que é necessário aprender a limpá-las?

Então de onde vem essa culpa de não se sentir merecedor, de não achar que você pode, não achar que você merece? Esse conjunto de crenças, que também chamamos de paradigmas, estão associadas à sua criação, aos antepassados que você carrega na genética e a carga de sofrimento que você já teve na vida. Tudo isso foi moldando a pessoa que você é.

Se você não se sente merecedor da abundância, prosperidade e fartura, tenho uma novidade: vivemos em um planeta de abundância feito para você. 🌍 A Terra é um planeta muito abundante, a natureza é abundante. O Universo é expansivo, farto e abundante.

Se você planta um pé de laranja no quintal da sua casa, a laranjeira não conta quantas pessoas tem na sua família e quantas laranjas ela tem que produzir para atender àquela família. A laranjeira produz o máximo de frutas que puder, e você consegue colher laranjas para distribuir à toda a vizinhança. Porque Deus é assim, a natureza é assim, e, se você está na Terra, faz parte do mesmo ecossistema. Para quem não sabe, o ser humano é um bicho e faz parte do ecossistema, como qualquer outro ser vivo, logo, essa mesma abundância está em você e em tudo o que é vivo.

Se você está no mesmo ambiente da laranjeira, no mesmo ecossistema, você pode e deve produzir muitos frutos e também ser merecedor de receber muitos frutos. Você é um filho deste planeta. Você habita aqui, então a abundância e a fartura pertencem a você, e estão presentes no seu DNA. Só que, se você resistir a esse fluxo e não se sentir merecedor, ficar se vitimizando, o Universo vai entender que você não quer. Eu fico imaginando o Universo olhando para essa situação: "Está tudo disponível, em abundância, mas esse meu filho não quer. Ele quer viver na miséria, na *Carenciosfera*. Quem sou eu para tirá-lo de lá? Ele precisa sair sozinho".

É uma decisão sua! Este é o planeta do livre-arbítrio. O Universo está olhando para você. Mas, se você quiser ficar na *Carenciosfera*, se lamentando, chorando, não se sentindo merecedor, pode ficar, seja feita a sua vontade. Eu não vou forçá-lo a nada, você é livre, e provavelmente adulto. É assim que o Universo o vê. Exija os seus direitos, pois você é um herdeiro divino!

Exigir os seus direitos significa que tudo que você pedir ao Universo, ele vai lhe dar, porque é seu por direito. É a sua herança na Terra.

Eu costumo brincar que o Universo tem um formulário de solicitação. É uma requisição, e você pode preenchê-la. Como se preenche o formulário do Universo? Pedindo tudo que você deseja para a sua vida. E nesse caso, pedir é pensar! Os nossos pensamentos têm uma frequência de energia, uma onda de vibração e a frequência do seu pensamento atrai coisas de um mesmo padrão. Dessa maneira, toda vez que pensa, você faz um pedido para o Universo. Pensou em desgraça, está preenchendo o formulário "quero mais desgraça". Pensou em amor, no formulário de solicitação do Universo vai constar "quero mais amor". Pensou em prosperidade, abundância e riqueza, "quero mais abundância, mais prosperidade e mais riqueza".

Toda vez que pensa, você preenche uma requisição e manda para o Universo. E o Universo é infalível. Ele sempre recebe esse formulário e atende a todas as solicitações. Essa devolução se parece muito com a fatura do cartão de crédito. Ela sempre vem! Você gasta, mas depois a conta chega. Não é assim? Com o Universo funciona da mesma forma.

É o que chamo de *CredKarma*. No *CredKarma* não existe falha: você sempre vai receber o resultado das suas ações. Então, preencher o formulário do Universo é pensar, e pensar é pedir. Tenha disciplina e autoestima para isso. Você atrai tudo o que pensa!

Vigie muito seus pensamentos, porque eles são um formulário que você está preenchendo. O Universo entende que o que você mais pensa é o que você mais quer e atrai isso para a sua vida!

Para ter prosperidade, uma das dicas mais importantes é o exercício da gratidão, mas não aquela gratidão da boca para fora, e sim uma energia em que todas as células sentem a vibração da gratidão. Seja grato pelas suas bênçons! A gratidão verdadeira é a chave que o transporta para o mundo da prosperidade.

Se eu tivesse que dar uma única dica para ter prosperidade, seria: agradeça, agradeça por tudo, por todas as bênçãos e oportunidades que a vida lhe dá. Agradeça pelo seu alimento, animal de estimação, pela cama quentinha, pelo chuveiro que você tem em casa, por você ter unhas, orelhas, por poder enxergar, escutar, falar, agradeça ao seu corpo. Agradeça por tudo. Quando você começa a agradecer, o Universo envia mais motivos para você se sentir grato!

A segunda dica é: cuide da sua vibração. Povoe a sua mente e a sua vida de coisas e pessoas com alta vibração. Você pode estar pensando que é fracassado porque as suas companhias são todas de baixa vibração. E aí eu lhe pergunto: O que você está fazendo aí? Saia já daí! Saia desse lugar!

Até os grupos de WhatsApp e redes sociais influenciam muito. Alguns grupos o puxam para baixo, alguns são neutros, e outros o levam para cima. Aconselho que você fique só nos grupos que o elevam. Pode manter os neutros também, porque não lhe fazem mal. Mas os que o puxam para baixo drenam a sua energia, e você acaba pensando em coisas ruins. Então imagine, se você ficar um tempo olhando para aquelas mensagens ruins, o que vai atrair para a sua vida?

Os olhos são a parte do nosso cérebro que ficou exposta. Tudo o que eles enxergam é imediatamente transferido para o pensamento, e isso já contamina todo o processo de prosperidade. Cuidado com o que você vê. Acostume seus olhos a enxergarem a beleza, não as coisas feias e ruins, de baixa vibração. Quando você olha para a beleza, acaba se tornando mais belo também.

Vamos exercitar?

Anote a seguir 3 motivos que o afastam da prosperidade. De acordo com tudo o que você leu até agora, o que você acha que o afasta da prosperidade?

1. _____
2. _____
3. _____

Escreva também os motivos pelos quais você deseja ter prosperidade em sua vida. Quais são os 3 motivos pelos quais você quer ser próspero?

1. _____

2. _____

3. _____

É muito importante escrever, porque se está registrado no papel, está decretado. Escrever no papel é como firmar um contrato com o Universo.

Guarde essas anotações, fotografe-as, analise de vez em quando os motivos que o afastam da prosperidade e os motivos pelos quais você quer conquistá-la. Trabalhe em cima disso, fazendo as práticas que constam no capítulo de exercícios e anotando em tópicos o que foi ensinado neste livro até agora.

Assim você vai conseguir se libertar dessas crenças e dos motivos que o afastam da prosperidade. Portanto, pare de vibrar nesse processo de crenças limitantes. Ative a sua consciência, esteja presente para o que está acontecendo em sua vida, porque 95% das nossas ações são tomadas pelo nosso inconsciente. Normalmente nossas ações são tomadas por processos totalmente emocionais, irracionais e não passam pelo nosso centro de razão: o consciente. Muitas vezes agimos sem pensar, como se fôssemos o efeito, e não a causa do que acontece conosco, e assim, agindo por instinto, não raciocinamos sobre as coisas, e em vez de assumirmos o protagonismo das nossas vidas, nos tornamos meros espectadores que apenas assistem o que está acontecendo à sua volta sem participar do processo.

Vamos aprender a trazer à luz da consciência tudo aquilo de que você precisa para ter mais autoestima.

O tratamento vem pela quebra desse Muro das Dores, fazendo todos os exercícios propostos neste livro. Eles ajudarão você a desenvolver novos hábitos, você terá uma nova programação na mente e não agirá mais por instinto. Em vez disso, vai agir com consciência, tomando decisões mais racionais, pensadas, e não agirá de forma involuntária, instintiva, como se você fosse um animal selvagem.

Ao desenvolver novos hábitos e tendo uma nova programação, você se torna um ímã de poder com uma nova consciência, um novo ponto de atração. E assim temos o crescimento contínuo, você se torna o que nasceu para ser, e brilha constantemente. Com a quebra do Muro das Dores, você faz suas malas e se muda desse planeta de carência chamado *Carenciosfera*. A carência é um sentimento negativo, e assim como a ansiedade e a paixão excessiva, ser carente é muito negativo para a sua saúde. A carência está ligada à escassez, à pobreza.

É importante ter mentores para ajudá-lo a sair da *Carenciosfera*, mentores que lhe mostrem o caminho. Como já expliquei antes, um mentor é alguém que já esteve onde você está agora, só que ele conseguiu sair desse lugar e vencer. Para cada área da vida temos mentores diferentes, e eu estou aqui para ajudá-lo a ter mais poder, mais autoestima, a se amar mais, se aceitar do jeito que é, ser uma boa companhia para si mesmo, se encarar e não ter medo de lidar com a pessoa que você é.

Vamos praticar?

Nesse momento vou pedir que você vá novamente até a frente de um espelho, para fazermos uma prática.

Você vai notar que, a esta altura, já está bem mais fácil de se olhar.

Então, olhe nos seus olhos, sorria enquanto fala consigo mesmo e diga:

"Eu me amo, eu me aceito, eu me respeito."

"Eu te amo. Eu te aceito. Eu te respeito."

Agora, mande um beijo para você mesmo e diga:

"Sua linda! Seu lindo!"

Em seguida, se olhe e faça um carinho em si mesmo. Faça uma cara de gatinho fofo, faça um carinho e diga para si mesmo:

"Vai dar tudo certo, pode confiar! Pode confiar que vai dar tudo certo, sim."

10

Uma nova autoimagem

Eu Superior

Antes de começar a ler este livro, você se via de um jeito. Você até escreveu a autoimagem que tinha, lembra?

Como está a sua autoimagem agora? Melhorou? Você está se enxergando de um outro jeito? Pegue o espelhinho e dê uma olhada. Você está se gostando mais, está se amando mais, acha que o seu olhar tem mais brilho? Pense na autoimagem da pessoa que você é e da pessoa que você quer ser.

Você está prestes a conhecer o seu Eu Superior, a pessoa que você sempre quis ser, a pessoa que nasceu para ser. Mas é importante que você compreenda que se tornar essa pessoa vai ter um custo. Sim, existe um preço a pagar. Que preço é esse para você?

Qual é o preço para você se aceitar? Às vezes, você só está em certos grupos por apego, por carência. Nem era mais para você fazer parte desses grupos e se relacionar com essas pessoas. Você merece coisa melhor, mas está lá por algum motivo, por alguma crença limitante e inconsciente que faz você achar que merece estar lá.

Qual é o preço para você ser aceito?

O que você realmente quer para a sua vida?

Você quer mesmo ser a pessoa que se lembra de todos os aniversários? Seja brutalmente honesto.

Você quer ser a pessoa que comparece a todas as festas?

Ou você é essa pessoa porque alguém disse que tinha que ser assim?

Você quer ser descolado?

Quer ser o comportadinho que jamais arrota?

Quer ser sexy? Ou acha que ser sexy é um caminho para conseguir alguma coisa que você deseja?

Quer realmente ser magra? Ou é uma coisa que o mundo lhe impôs?

Quer ser uma ótima cozinheira?

Quer ser autêntico o tempo todo?

Quer ser uma pessoa que não se importa muito com o que os outros pensam?

Quer ou não quer?

O que você realmente quer?

Negocie consigo mesmo: o que você realmente quer da vida, sem pensar nos outros, tomando suas próprias decisões, sem pensar no que seu marido pensa, no que seu filho pensa, no que sua mãe pensa, no que seu pai pensa. Seja íntegro e, para ter integridade, assuma as rédeas da sua vida e seja quem nasceu para ser, e não o que os outros querem que você seja.

Qual é a autoimagem que você que ter no futuro?

Como você se enxerga daqui a 3 meses, 1 ano, 2 anos? Comece a mentalizar. Como você é no futuro? Que cabelo você tem? Que corpo? O que você faz? Com o que você trabalha? Qual é o seu carro? Qual é a autoimagem que você quer ter? De uma pessoa poderosa e bem-sucedida ou de alguém que mora no mato? Porque, para algumas pessoas, ser bem-sucedido é justamente morar no mato. Então, o que você quer? Qual é a sua autoimagem de sucesso? O que você quer ter no futuro? É importante ter consciência sobre todas essas questões.

Construindo sua nova autoimagem

Quando você fecha os olhos, qual é a imagem que tem de si mesmo? O que você pensa da sua saúde? O que acha que as pessoas pensam que você é? Sobre o seu poder pessoal, quem você acha que é, considerando a sua autoestima? Como você acha que as pessoas o enxergam? Como você se posiciona quando se trata de relacionamentos? E o que acha que as pessoas pensam que você é?

Nós costumamos nos criticar e nos depreciarmos. "Nossa, sou um fracasso no relacionamento", "Sou um fracasso no trabalho."

Entenda algo definitivamente: tudo o que você acredita que é tem magnetismo. E tudo o que tem magnetismo atrai mais do mesmo pela Lei da Ressonância, que entra em harmonia com vibração do mesmo padrão.

Se você acredita que é um fracasso nos relacionamentos, no trabalho, nas finanças, se acredita que nunca vai ter autoconfiança, que nunca vai conseguir conquistar os seus sonhos, tudo isso fica registrado na sua autoimagem, que é um dos principais componentes do seu paradigma.

Por isso você pode, a partir de agora, construir uma nova autoimagem, pensar no que seria o ideal para você. O que você veria se enxergasse o ideal a respeito de si mesmo?

Por exemplo, se você não se sente bom o bastante em algo que faz, pare e visualize a si mesmo sendo melhor nisso do que é hoje. Se tem problemas para se relacionar, pare e visualize-se tendo o relacionamento que considera ideal.

Você agora vai construir e escrever num papel essa nova autoimagem. É um exercício que só precisa ser feito uma vez, e depois, com o tempo, você vai lapidando essa autoimagem que construiu. É algo simples e fácil de fazer, mas não deixe essa simplicidade enganá-lo, essa é uma das coisas mais importantes para a sua transformação.

Vamos praticar?

Manifesto da Autoestima

Pense como você quer ser visto e complete a frase a seguir:

"Eu sou conhecido pelas pessoas como..."

_____
_____
_____
_____
_____

Preencha como quiser. Por exemplo: um fenômeno de vendas, um profissional espetacular, o melhor do mundo na sua área, uma personalidade caridosa, um ser de luz que irradia autoconfiança, uma mãe maravilhosa, um vencedor, um líder nato, uma pessoa mais magra, mais poderosa, mais corajosa etc.

Escreva qualidades surpreendentes. O importante é que você escreva tudo o que quer ter na sua autoimagem, sem julgamento, sem dizer que são coisas supérfluas, fúteis ou impossíveis!

Agora, complete a frase a seguir:

"Minha imagem é associada a…"

_____
_____
_____
_____

Por exemplo: o autor que mais vende livros no Brasil, projetos de sucesso, acontecimentos espetaculares, contribuições de muita relevância, resultados incríveis etc.

Agora complete esta terceira frase:

"Tenho uma força incrível para achar soluções fáceis e criativas para tudo e também para…"

_____
_____
_____
_____

Complete com tudo o que você quer visualizar na sua autoimagem.

Você também pode usar as seguintes autoimagens genéricas de poder e confiança:

♥ Tudo o que eu pego para fazer fica bem-feito, é próspero e transforma o mundo.

♥ As pessoas se sentem bem por serem minhas amigas, elas dizem que eu as ajudo a prosperar.

♥ Eu estou sempre bem-arrumada e bem-cuidada.

♥ Minha postura é sempre leve, confiante e feliz!

♥ Sou reconhecida como uma pessoa nobre, magnética, que deu certo na vida.

♥ Tenho força e poder de realização.

Agora é a sua vez. Faça a sua lista de autoimagem que vai revelar o seu futuro. Tenha tranquilidade e paciência. Não tem problema se a sua autoimagem ficar enorme. Não se limite! Não há limites para tudo o que você pode ser.

Depois que tiver terminado, leia a sua autoimagem todos os dias e em voz alta.

4 dicas para melhorar imediatamente a sua autoimagem

1. Para começar, elimine a autocrítica.

Não se trata de negar a realidade, mas de se perdoar e se aceitar para promover as mudanças necessárias. Eu perdoo o meu passado, não estou negando as coisas que fiz, os erros que cometi. Não estou negando isso, mas eu me perdoo e me aceito para promover as mudanças necessárias para seguir em frente.

2. Mantenha a sua sintonia elevada.

Você precisa manter a sua energia sempre alta, porque, se deixar a peteca cair, a energia cair, vem doença, problema, e você começa a atrair um monte de coisas ruins.

3. Tenha mentores.

Mentores são necessários para tudo na vida. Quando não temos um mentor, ficamos perdidos, não temos para quem fazer as perguntas que queremos e precisamos fazer. É fundamental que você tenha mentores de autoestima. Pessoas em quem você se espelha, em quem você se inspira.

4. Faça exercícios diários.

Você está lendo o *Manifesto da Autoestima* para isso, para tirar um tempo para si, para se cuidar, para fazer exercícios diários, para se amar.

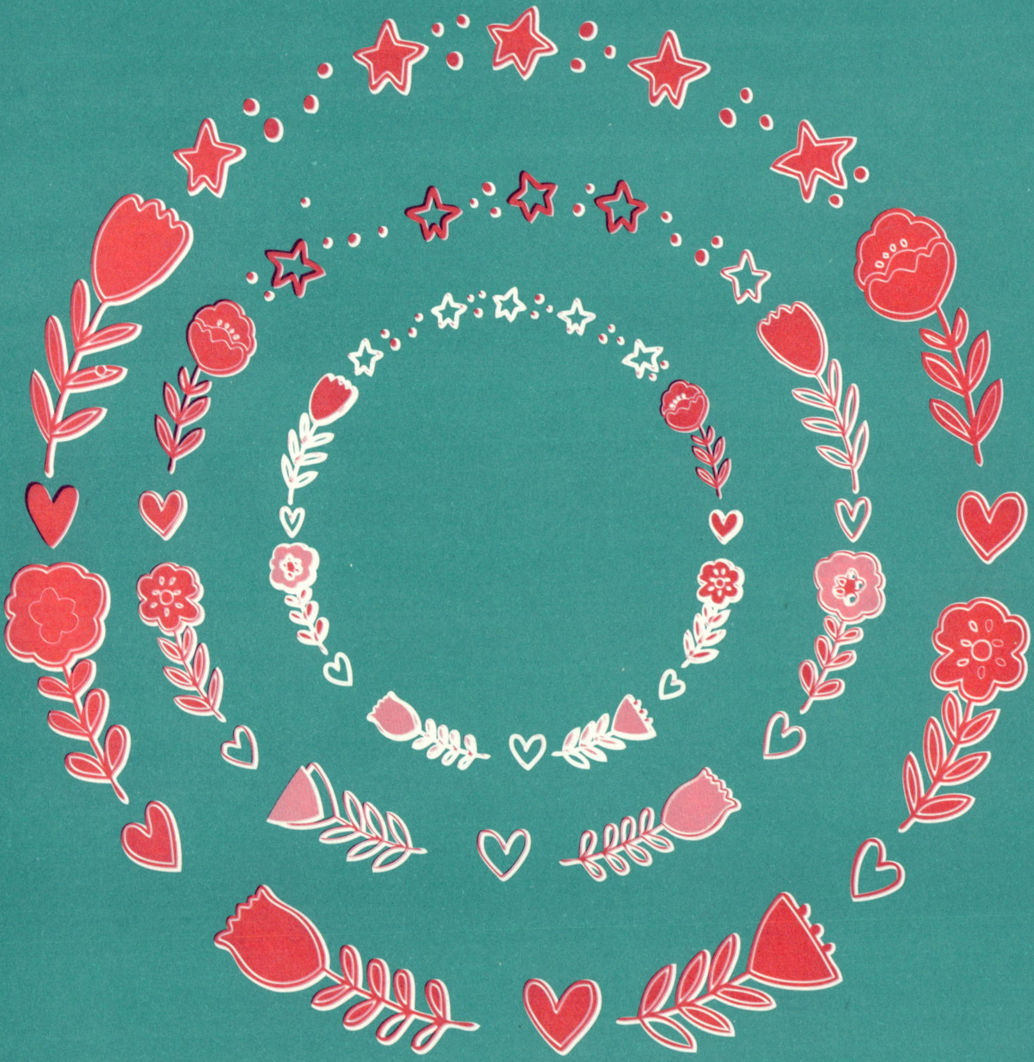

11

Práticas e exercícios "Reintegrando o seu ser"

Letargia ou despertar?

É muito importante você prestar atenção neste momento da sua vida: você está no estado de letargia ou no estado de despertar? Será que já está no ponto de agir? Acredito que você já esteja no ponto de agir e dizer: "Chega! Não aguento mais! Não aguento mais ficar onde estou! Preciso fazer alguma coisa, tomar uma atitude, agir para transformar a minha vida".

E é por isso que você está lendo este livro: porque você precisa agir para fazer alguma coisa diferente e se transformar. Chega de sofá, chega de bode, chega de cama, chega de buraco, chega de muro para ficar se escondendo como uma vítima indefesa. Chega de ser um espectador da vida, de não ter protagonismo, de colocar outras pessoas no centro da sua vida.

Chaves para ativar a sua autoconfiança

Pratique a admiração por si mesmo. Você é um ser incrível em muitos aspectos. Você é um ser divino, um ser de luz. Aprenda a se admirar.

Inspire-se em alguém, senão nunca vai sair do lugar. Tenha mentores. Por exemplo, se você precisa de ajuda com pneus, procure um borracheiro. Se quer investir em imóveis, procure um corretor. Escolha mentores e escute as pessoas certas, referências na área que você deseja conhecer, pessoas que podem ajudar você de verdade. Procure alguém que o inspire na autoestima, na autoconfiança, para você seguir o seu caminho. Escute conselhos de pessoas que saibam dar conselhos.

Comece a inspirar alguém, porque assim vai se sentir mais confiante. A partir do momento que o seu mentor o inspira, você também começa a inspirar alguém. "Ah, mas eu ainda não sei quase nada, como posso inspirar alguém?" Às vezes o pouco de conhecimento que você tem é tudo de que a pessoa precisava para se transformar. Inspire alguém a fazer uma mudança, motive aquela pessoa, ajude a pessoa a enxergar o positivo, ajude-a a elevar o ponto de atração dela. Uma coisa muito legal é você repassar para alguém o que aprendeu. Lembre-se do que eu disse antes: aprender, ensinar, ajudar. E quando aprende, ensina e ajuda, você também se transforma e cresce.

Agradeça. Agradecer é a grande chave que vai levar você para o próximo nível. Sentir-se grato é o veículo que o transporta para a autoconfiança, a autoestima, o poder, a prosperidade.

Dois lados de mim

Quero contar uma história sobre duas pessoas. A Patrícia de antes e a Patrícia de agora.

Eu estava sorrindo na foto da esquerda, mas não estava nem um pouco feliz. Eu pesava 115 kg, trabalhava de 16 a 18 horas por dia. Para o projeto Luz da Serra dar certo, eu me dediquei completamente nos primeiros anos e me abandonei (fisicamente falando).

Isso me trouxe problemas nos joelhos, articulações, e outros problemas de saúde, como colesterol alto e uma série de outras coisas. Eu não estava nem um pouco feliz, estava dentro do buraco na primeira foto e não achava que poderia sair de lá, mesmo já trabalhando na área de terapias holísticas. Eu pensava: "Eu abandonei o meu corpo físico e vou cuidar do meu espírito."

Só que não existe separação. **Espírito, emoção, mente e corpo físico estão todos interligados.** Então, é óbvio que as fotos da esquerda retratam uma pessoa doente. Dá para ver obesidade, pneuzinhos, dá para ver que ela não está bem.

Algumas pessoas são assim e se sentem superbem. Não tem problema nenhum. Se a pessoa tem autoestima, é confiante, se sente bem, está tudo certo. Mas eu não me sentia bem!

Tive uma tia que chegou a esse peso e morreu por isso. E tinha mais ou menos a minha altura, então eu estava com o IMC parecido com o dela. Um dia eu tive um sonho com essa minha tia, em que ela me dizia: "Você quer chegar no mesmo nível que eu? Quer interromper a sua missão? Quer morrer como eu morri?". Ela me fazia essas perguntas no sonho, e eu acordei e decidi fazer alguma coisa por mim.

Naquele momento, comecei a me amar, a perdoar o meu passado, a respeitar as escolhas que eu tinha feito, mesmo que equivocadas, a entender que as decisões que tomei foram as melhores que eu poderia ter tomado. Eu me perdoei, segui em frente e me tornei a pessoa que está na outra foto. Muito mais feliz, muito mais plena, realizada, confiante. Essa pessoa que está falando com você agora. E entre as duas fotos, foram milhares de atendimentos em consultório ajudando mulheres a saírem do buraco, a terem autoestima, a se tornarem um ímã de poder.

A foto da esquerda é de 2009, e a da direita é de 2019. **São 10 anos de intervalo entre as duas.** Uma caminhada de 10 anos, uma jornada que eu fiz de despertar interior, de me perdoar, de tratamentos com Fitoenergética e Aura Master.

Eu aprendi a me aceitar, a quebrar o muro, a sair de lá de trás, a me amar, a perdoar, a lidar com os meus medos, com as minhas inseguranças. Porque quem me vê confiante nas palestras e vídeos não acha que um dia eu já fui insegura ou que eu tive medo de alguma coisa.

Ao mostrar essas fotos para vocês, eu não estou me exibindo. Não é nada disso, estou apenas mostrando que é possível sair do buraco e que eu sei como sair de lá. Sei como lhe dar a mão para você sair também.

Eu não sou magrinha. Não tenho corpo de modelo e não estou mostrando essa foto de antes e depois querendo dizer que eu sou maravilhosa e tenho um corpo de capa de revista. Estou querendo mostrar o semblante das duas fotos para você ver que na da esquerda tem uma tristeza, e na outra eu estou ótima. **Estou em paz, conectada com a minha ancestralidade, em paz com o meu corpo, em paz com a minha alma, feliz e me sentindo bonita em todos os aspectos**, mesmo não tendo um corpo que segue os padrões de beleza, e ainda assim me sinto bonita e plena.

Dá para ver que não estou feliz na foto da esquerda porque eu mal conseguia caminhar, não conseguia nem parar em pé de tão pesada que eu estava. Tenho 1,62 m, então não é saudável pesar 115 kg. Eu não conseguia mais parar em pé, me faltava estabilidade e eu estava muito desequilibrada.

Eu não conseguia subir uma escada e nem carregar uma sacola de supermercado, porque perdia o fôlego. Eu não conseguia viver, estava sem qualidade de vida, e precisei tomar uma atitude e fazer o que era necessário para ter saúde. E fiz. Dei o primeiro passo e saí do buraco em que estava.

Na foto da esquerda, lagarta. Na foto da direita, borboleta indo à praia, batendo asas!

Não quero nunca mais voltar para aquele estado em que eu estava. Já se passaram 10 anos, graças a Deus! Eu até retrocedi um pouco, mas não quero voltar para aquele estágio em que o corpo começa a responder com doenças.

**Então foque em você e cuide-se!
O mundo precisa de pessoas inspiradoras
e se você cuidar bem da sua missão
de vida, transformará nosso mundo
em um lugar muito melhor para se viver.**

Manifesto da Autoestima

Integrando o seu ser

Eu gostaria que você anotasse o seguinte: pensando em tudo o que você viu até aqui no *Manifesto da Autoestima*, do que você mais gostou? E o que mudou para você até agora? O que transformou a sua vida até este momento?

_____
_____
_____
_____

Estamos quase concluindo nossa jornada, mas antes, quero lhe propor um exercício importante.

Você vai precisar de duas fotos: uma foto de um momento dolorido da sua vida e uma foto de um momento de plenitude.

Pegue uma foto sua do passado, de quando você não se sentia bem, quando estava em sofrimento, quando sentia muita dor, não estava legal, estava deprimido.

Depois, pegue uma foto em que você está se sentindo pleno, daquele momento da vida em que você estava brilhando em todos os aspectos. O momento da vida em que você se sentiu mais poderoso. O mais perto da sensação de ter poder.

Uma foto de sofrimento e dor e uma foto em que você estava pleno e poderoso. Vamos fazer um exercício que se chama **"Integrando o meu ser"** e vamos colar todos os caquinhos que se quebraram e reconstituir a pessoa incrível que você é.

Vamos lá?

Manifesto da Autoestima

1. Feche os olhos e faça algumas respirações bem profundas.

2. Deixe as duas fotos na sua frente e visualize firmemente essas duas imagens, uma do momento em que você estava sofrendo e outra do momento em que você estava pleno. E visualize quem você é hoje.

3. Nesse momento, conecte-se com o seu coração como se você pudesse visualizá-lo batendo.

4. Sinta, visualize, imagine que dentro do seu coração existe uma chama, como se fosse a chama de uma vela. É uma luz, uma energia muito forte que a cada batimento cardíaco vai preenchendo seu corpo, se espalhando, iluminado todas as células. Essa luz vai saindo pelos seus poros.

5. Essa energia é tão intensa que você se sente flutuando.

6. Imagine que você está subindo, subindo, subindo... até que lá de cima você já enxerga o planeta Terra bem pequeno.

7. Continue subindo até que à sua frente se abre um portal de muita luz. Você vai atravessando esse portal e vai entrando em contato com uma linda paisagem, um lindo lugar de natureza exuberante e linda vegetação.

8. E você caminha por ali.

9. Mais adiante, você encontra uma linda cachoeira de águas cristalinas, de temperatura agradável.

10. Então imagine-se embaixo dessa cachoeira, e permita que essa água lave todas as suas mágoas, toda raiva, toda tristeza, toda dor. Nesse momento, vá se libertando de todas as suas dores.

11. E você percebe que lá da esquerda vem caminhando a pessoa que está na foto do momento de dor, e da direita vem caminhando a pessoa que está na foto do momento de plenitude e alegria.

12. A pessoa que você é hoje, que está se banhando na cachoeira, dá as mãos para a pessoa da foto em plenitude. E assim vocês acolhem a pessoa que está na imagem de dor. Vocês três se abraçam e se encontram no centro desse jardim. E a pessoa que você é hoje e as duas pessoas do passado acolhem-se mutuamente.

13. Vocês se olham nos olhos, compreendem suas dores e processam tudo isso como um aprendizado. Vocês três ficam abraçados e ao seu redor forma-se um círculo de seres de luz que tem uma energia muito intensa, forte e poderosa de cura, libertação, transformação, confiança, segurança e amor. Então sinta essa chuva de bênçãos, essa luz intensa fundindo-se com você e as duas pessoas da foto, se tornando um ser único, iluminado, herdeiro divino, poderoso, confiante.

14. Nesse momento, você se sente iluminado e pronto para, a partir de hoje, iniciar uma nova jornada, vibrando em luz, poder e confiança.

15. Agora volte até aquele portal sentindo gratidão e amor, e vá voltando, sentindo sua respiração, sentindo seu corpo físico, até que você se sinta pronto para abrir os olhos.

Se você deseja praticar esse exercício conduzido por mim, aponte a câmera do seu celular para o QR Code e acesse o vídeo.

Afirmações Aura Master para autoestima

As afirmações Aura Master são códigos de ativação que acionam nosso hiperfluxo, expulsando do nosso campo de energia qualquer sentimento nocivo ou antagonista que esteja interferindo em nosso processo evolutivo.

A seguir, teremos os exercícios:

1. Meu destino é ser feliz;

2. Ímã de poder;

3. Herdeiro Divino.

> Pratique esses exercícios por 21 dias, fazendo uma das três práticas (à sua escolha) por dia. Se você preferir pode ir revezando as três práticas, começando pela prática 1 no 1º dia, 2 no 2º dia, 3 no 3º dia, voltando para a prática 1 no 4º dia e assim sucessivamente até chegar ao 21º dia! O importante é que você faça uma vez por dia uma das três práticas por pelo menos 21 dias consecutivos para experimentar um novo estado de espírito cheio de autoestima.

1. Meu destino é ser feliz

♡ Respire bem fundo 3 vezes (respire fundo mesmo, com suavidade e profundidade; inspire e solte bem forte o ar).

♡ Esfregue uma mão na outra e coloque-as em formato de concha sobre o couro cabeludo, deixando-as apoiadas por aproximadamente 30 segundos. Enquanto isso repita: "Eu convoco toda a energia vital a que tenho direito."

♡ Agora esfregue as mãos de novo e com elas em concha coloque a direita na base da nuca e a esquerda sobre a testa. Mantenha as duas mãos nessa posição por aproximadamente 30 segundos. Enquanto isso repita: "Estou vivo e agradeço toda a força da vida que há em mim."

♡ Agora descanse as duas mãos sobre o peito, sendo uma mais acima e outra mais abaixo, e repita: "Estou bem, estamos bem, tudo em mim está bem. Eu, meu corpo e minha consciência aceitamos essa luz."

💖 Solte as mãos, relaxe e repita:
Eu cuido muito bem de mim,
Meu destino é ser feliz!
Ninguém é responsável pela minha felicidade
E eu não sou responsável
pela felicidade de ninguém.

Eu mereço ser feliz
Eu nasci para ser feliz
Meu destino é ser feliz

A sabedoria divina em mim atua agora
Me conectando no caminho feliz
A sabedoria divina em mim atua agora
Me conectando na jornada feliz
A sabedoria divina em mim atua agora
Estimulando minha saúde inabalável
Imunidade inabalável
Energia inabalável

Eu busco o meu caminho
Eu vivo bem cada jornada
Eu deixo ir o que precisa ir

Manifesto da Autoestima

Eu respeito o fim de todos os ciclos velhos
E acolho os ciclos novos
Eu mereço ser feliz

Todos os ciclos infelizes
Precisam se encerrar agora
Eu mereço me reinventar
Eu mereço mudanças positivas
Eu mereço ser feliz

Meu poder é o equilíbrio
Na ambição equilibrada
No poder equilibrado
No respeito nas relações
Na escolha dos melhores hábitos

Eu sou um sol
De energia e imunidade

Eu permito que a sabedoria da Matriz Divina
Energize cada célula do meu ser
Cada dimensão da minha existência

PATRÍCIA CÂNDIDO

Eu permito que a sabedoria da Matriz Divina
Corte cada laço negativo
Transmute cada trava e bloqueio
Que impedem que eu seja
tudo o que nasci para ser

Eu sou um sol
De energia e imunidade
Imunidade inabalável
Energia inabalável

Eu desenho melhores hábitos
Eu escolho o que me faz mais forte
Eu crio hábitos saudáveis
Sempre que meu corpo precisar
Eu crio hábitos saudáveis
Sempre que minha alma quiser
Eu sou um preservador dos bons hábitos

A Matriz Divina em mim
Sabe o que fazer para
Ativar esse equilíbrio
Eu respeito as relações

Manifesto da Autoestima

Eu respeito cada pessoa ao meu redor
Elas têm seus próprios caminhos
Eu tenho o meu próprio caminho

Eu não sou responsável
pela felicidade de ninguém
Ninguém é responsável pela minha felicidade

Assim eu vivo em paz
No meu caminho de felicidade
Eu estou empenhado no meu
caminho feliz e livre

Eu crio prosperidade em cada ato
Quando busco o meu próprio caminho
Eu crio prosperidade em cada ato
Quando invisto no meu próprio caminho
de felicidade

Eu cuido muito bem de mim,
Meu destino é ser feliz!
Ninguém é responsável
pela minha felicidade

E eu não sou responsável pela felicidade
de ninguém.

Eu sou um ser vivo em movimento
Eu sou um ser vivo em expansão
Eu valorizo a força de expansão que há em mim

A Matriz Divina em mim
Reconhece a importância
Dos ajustes e renovações

Eu permito que a Matriz Divina em mim
Ative a inteligência e a força
Para que os ajustes aconteçam
De forma certeira e equilibrada

Eu mergulho no equilíbrio
Eu mergulho na organização
Eu sou uma expressão
Da liberdade equilibrada
Eu sou uma expressão
Dos bons hábitos

Manifesto da Autoestima

Eu sou uma expressão
De boas ideias organizadas

Eu organizo minhas ideias
E valorizo minhas próprias criações
Eu sou uma usina de boas ideias
Eu valorizo todas as minhas boas ideias

Eu acolho o passado e o presente
com sabedoria
Eu vivo no ritmo feliz
do meu corpo e minha mente

Eu conecto o passado com o presente
Como um poder para seguir com força
Eu conecto o passado com o presente
Como instrumento de sabedoria

Eu respeito os limites do meu corpo
Eu respeito e cuido das leis do meu corpo
Eu respeito e aprecio os ritmos do meu corpo
Eu e o meu corpo estamos em sincronia

A sabedoria divina em mim atua neste momento
Aproximando parcerias e amizades
de total equilíbrio

A sabedoria divina em mim
atua neste momento
Definindo o ritmo perfeito do meu corpo

A sabedoria divina em mim atua neste momento
Definindo o ritmo perfeito da minha mente

Eu mergulho no equilíbrio
Eu mergulho na organização
Eu sou uma expressão da liberdade equilibrada
Eu sou uma expressão dos bons hábitos
Eu sou uma expressão de boas ideias organizadas

Eu acolho o passado e o presente com sabedoria
Eu vivo no ritmo feliz
do meu corpo e minha mente

Eu sou um sol
De energia e imunidade

Manifesto da Autoestima

Imunidade inabalável
Energia inabalável

💗 Coloque suas mãos sobre o peito, uma mais acima e outra mais abaixo, e diga:

Sou grato
Estou grato
Ao meu corpo
À minha consciência

Sou grato a todos os níveis e dimensões da vida
Sou grato a todos os níveis e dimensões da minha consciência
Sou grato a todos os níveis e dimensões do meu corpo

Está feito
Luzzzzzzzzzzz

Se você deseja praticar esse exercício conduzido, aponte a câmera do seu celular para QR Code e acesse o áudio.

2. Ímã de poder

💗 Respire bem fundo 3 vezes (respire fundo mesmo, com suavidade e profundidade; inspire e solte bem forte o ar).

💗 Esfregue uma mão na outra e coloque-as em formato de concha sobre o couro cabeludo, deixando-as apoiadas por aproximadamente 30 segundos. Enquanto isso repita: "Eu convoco toda a energia vital a que tenho direito."

💗 Agora esfregue as mãos de novo e com elas em concha coloque a direita na base da nuca e a esquerda sobre a testa. Mantenha as duas mãos nessa posição por aproximadamente 30 segundos. Enquanto isso repita: "Estou vivo e agradeço toda a força da vida que há em mim."

💗 Agora descanse as duas mãos apoiadas sobre o peito, sendo uma mais acima e outra mais abaixo e repita: "Estou bem, estamos bem, tudo em mim está bem. Eu, meu corpo e minha consciência aceitamos essa luz."

Manifesto da Autoestima

♡ Solte as mãos, relaxe e repita:

Eu confio no amparo que há em tudo
e age sobre todos
Há força e proteção em todos os cantos
Há força e proteção em todos os lugares

Quando eu ligo a sintonia certa, atraio pessoas
e situações em que posso confiar

A sabedoria divina em mim ativa a minha força
Para atrair situações e pessoas certas

Eu sou um ímã de situações e pessoas de bem

Eu cuido de mim e de minha saúde
Eu respeito a saúde do meu corpo
Eu cuido de meu corpo para que
a minha alma brilhe

Eu aprofundo em conhecimentos
Eu estudo com alegria e curiosidade
E faço disso um meio para prosperar
mais e melhor

Eu respeito meus relacionamentos e vejo uma
força divina em aceitar o outro como ele é

Tenho nobreza em meus atos
Todos os dias de minha vida
Eu sou um ímã de situações e pessoas de bem

Eu posso exercer tolerância, isso me faz bem
Eu posso exercer aceitação, isso me faz forte
Eu posso compreender que o outro é
muito diferente de mim
Isso me faz nobre
Eu posso ser nobre todos os dias de minha vida

Eu entendo que ciclos se iniciam
Eu entendo que ciclos se encerram
Eu me concentro em encerrar
ciclos necessários
Eu deixo ir o que precisa ir
Eu encerro tudo que está mal acabado
Há uma força divina em encerrar
ciclos mal-acabados

Eu respeito o que passou e tiro

Manifesto da Autoestima

aprendizado das dores e erros
Eu escuto o meu corpo e presto atenção
no que ele quer dizer
Eu estou em sintonia com o meu corpo
E presto atenção nos recados
que ele tem para me dar

Eu respeito os sinais do meu corpo
Eu respeito as pessoas
que fazem a minha vida melhor
Eu honro e agradeço todos os seres
que fazem a minha vida melhor
Eu honro e agradeço todas as pessoas
que já me serviram

Mesmo que eu não tenha percebido
Mesmo que eu não perceba
Mesmo que eu não entenda
Eu honro e agradeço todo e qualquer tipo de
ajuda que alguém já tenha me dado

Eu honro os meus limites
Eu entendo o tamanho das minhas capacidades
Eu expando o meu potencial

PATRÍCIA CÂNDIDO

E até que ele aumente de tamanho,
eu honro e respeito os meus limites
Com amor e carinho

Eu tenho a medida certa para ajudar e receber
Eu tenho a medida certa
Sobre o que esperar do mundo e das pessoas
Isso me faz próspero

Eu não preciso saber de tudo
Eu não preciso participar de tudo
Eu não tenho que absorver tudo
Eu apenas preciso do que é meu por direito
Eu apenas preciso ser o que nasci para ser

Eu enxergo o equilíbrio sobre
o que eu realmente preciso saber
Eu enxergo o equilíbrio sobre
o que eu realmente preciso participar
Eu enxergo o equilíbrio sobre
o que eu realmente preciso absorver

Eu sei dizer não quando é preciso
Eu sei proteger meus limites quando é preciso

Manifesto da Autoestima

Eu sei assumir meus erros
Eu sei corrigir meus erros
Eu sei recomeçar quando é preciso
Eu sei fazer ajustes com humildade e resignação

Eu tenho a medida certa para ajudar e receber
Eu tenho a medida certa
Sobre o que esperar do mundo e das pessoas
Isso me faz próspero

O mundo não me deve nada
Eu não devo nada ao mundo
Eu quero apenas o que é meu por direito
Eu quero apenas o que mereço realmente
Eu respeito as Leis do Universo
Eu respeito a causa e o efeito

Eu mereço o que mereço
Eu posso querer muito
se eu fizer a minha parte
Eu posso querer muito
se eu aprender rápido com meus erros
E me libertar dos ciclos velhos
Eu deixo ir o que precisa ir

Eu deixo ir tudo que é lixo e não me serve mais
Eu permito que a sabedoria divina em mim
Alinhe todos os níveis e dimensões do meu ser
Eu permito que a sabedoria divina em mim
Ative todo meu potencial de cura e libertação

Eu sei que não sou responsável
pela felicidade de ninguém
Eu sei que ninguém é
responsável por minha felicidade

Essa força de equilíbrio
expande minha prosperidade
Essa força de equilíbrio expande a minha vida
Essa força de equilíbrio
expande a minha imunidade

A Matriz Divina em mim
eleva minha sintonia
A Matriz Divina em mim
atua agora criando conexões elevadas
Energia elevada
Poder ilimitado
Prosperidade ilimitada

Manifesto da Autoestima

Assim sou eu, erros e acertos
Assim sou eu, equilíbrio constante

Eu sei o ponto certo das coisas
Eu sei proteger o que é meu
Eu sei aprender com os meus erros

Eu tenho a medida certa para ajudar e receber
Eu tenho a medida certa
Sobre o que esperar do mundo e das pessoas
Isso me faz próspero

A Matriz Divina em mim desperta
meus dons ocultos
A Matriz Divina em mim desperta ideias
geniais e oportunidades milionárias
Ela sabe o que fazer
Ela me cura e me permite ser
tudo o que nasci para ser

Eu sou um Canal de Deus
Para expandir e melhorar o mundo
Eu sou um Canal de Deus
Para expandir e melhorar o mundo

Eu melhoro o mundo
Eu melhoro a minha vida
Eu sou o que nasci para ser

💟 Coloque as suas mãos sobre o peito, uma mais acima e outra mais abaixo. Diga:

Sou grato
Estou grato
Ao meu corpo
À minha consciência

Sou grato a todos os níveis e dimensões da vida
Sou grato a todos os níveis e dimensões
da minha consciência
Sou grato a todos os níveis e dimensões
do meu corpo

Está feito
Luzzzzzzzzzzz

Se você deseja praticar esse exercício conduzido, aponte a câmera do seu celular para o QR Code e acesse o áudio.

3. Herdeiro Divino

♡ Respire bem fundo 3 vezes (respire fundo mesmo, com suavidade e profundidade; inspire e solte bem forte o ar).

♡ Esfregue uma mão na outra e coloque-as em formato de concha sobre o couro cabeludo, deixando-as apoiadas por aproximadamente 30 segundos. Enquanto isso repita: "Eu convoco toda a energia vital a que tenho direito."

♡ Agora esfregue as mãos de novo e com elas em concha coloque a direita na base da nuca e a esquerda sobre a testa. Mantenha as duas mãos nessa posição por aproximadamente 30 segundos. Enquanto isso repita: "Estou vivo e agradeço toda a força da vida que há em mim."

♡ Agora descanse as duas mãos apoiadas sobre o peito, sendo uma mais acima e outra mais abaixo e repita: "Estou bem, estamos bem, tudo em mim está bem. Eu, meu corpo e minha consciência aceitamos essa luz."

💖 Solte as mãos, relaxe e repita:

Eu sou um canal de Deus
para expandir e melhorar o mundo

Eu sou como uma semente
que germina em solo fértil

Minhas ideias e meus sonhos são sementes

E o Universo é meu solo fértil

Minha força interior é água que molha a terra

Minhas sementes são poderosas

Elas germinam

Elas crescem

Elas se expandem

Eu sou filho do Criador Maior

Eu sou criado à imagem e semelhança de Deus

As Leis Naturais que regem a Terra
regem a minha vida

Eu sou amplo

Eu sou próspero

Eu sou ilimitado

Fluxo ilimitado

Sabedoria ilimitada

Manifesto da Autoestima

Riqueza Ilimitada

Eu promovo felicidade onde quer que eu esteja
Eu sei ajudar as pessoas do jeito certo

Eu amo os projetos em que me envolvo
A minha profissão é o reflexo do amor
que sinto por toda atividade
E os frutos do meu trabalho
expressam o amor que sinto
E tudo acontece com naturalidade

Eu respeito o fracasso
e tiro proveito de todas as lições necessárias
Eu peço ajuda sempre que preciso
E faço a minha parte com maturidade

Quando as coisas vão mal
sei que preciso ser humilde
Humilde para recomeçar
Humilde para aprender com os erros
Humilde para evoluir

PATRÍCIA CÂNDIDO

Eu não tenho medo de recomeçar

Eu sempre faço mais do que exigem de mim
Eu sempre dou mais
do que esperam que eu dê
Eu sou natural... Sou da natureza...
Filho da Natureza
Eu vivo sob as mesmas Leis do Universo
Eu sou amplo
Eu sou ilimitado
Eu encontro as respostas
sempre que faço as perguntas
Eu peço e o Universo responde

Eu sou fonte de entusiasmo e gentileza
Por onde ando eu espalho
bondade e generosidade

Eu sei dizer não quando é preciso
Eu sei dizer sim quando é importante
Eu sei entrar em combate
quando a batalha é necessária

Manifesto da Autoestima

Eu sei ceder quando é sensato
Eu sei a arte da tolerância
Eu aproveito as oportunidades
que o mundo me mostra

Eu sou uma fonte de motivação
Eu sou uma fonte de atitudes firmes
Eu sempre ajo rápido quando
o Universo me dá sinais

Meus objetivos estão declarados
Minhas metas são ousadas
Carregadas de amor e energia

Eu sou tudo o que desejo ser
Eu me expando com a permissão
das Leis do Universo

A sabedoria da Matriz Divina em mim
está atuando agora
A sabedoria da Matriz Divina em mim
está ajustando tudo agora

PATRÍCIA CÂNDIDO

A sabedoria da Matriz Divina em mim
sabe exatamente o que fazer

Para que as Leis Naturais aconteçam
Em todos os níveis e dimensões do meu Eu
Em cada segmento e particularidade
da minha vida
Ativando entusiasmo, alegria e generosidade

Não há porta pela qual eu não possa entrar
Não há problema que eu não possa transformar
Não há sonho que eu não consiga manifestar

Eu tenho o poder do Criador Maior
Eu sou obra da Criação
Eu sou um canal de Deus
para expandir e melhorar o mundo

E a verdade mais profunda da
minha alma atua agora
A Matriz Divina em mim atua agora
Para minha existência sublime

Manifesto da Autoestima

Felicidade sublime

Prosperidade sublime

Eu mereço o melhor

Eu mereço o amor em todos os aspectos
e dimensões

Eu sou um instrumento divino
da verdade e da transformação

Minha existência é poderosa

Meu propósito é poderoso

Minha vida é magnífica

Não há dificuldade que eu não possa vencer

Não há medo que eu não possa domar

Não há ferida que eu não possa fechar

Não há doença eu que não possa curar

Eu tenho o poder do Criador Maior

Eu sou obra da Criação

Eu sou um canal de Deus para expandir
e melhorar o mundo

PATRÍCIA CÂNDIDO

Eu sou tudo o que desejo ser

Eu me expando com a permissão
das Leis do Universo

Eu sou natural... Sou da natureza...
Filho da Natureza

Eu vivo sob as mesmas Leis do Universo

Eu sou amplo

Eu sou ilimitado

Eu encontro as respostas sempre
que faço as perguntas

Eu peço e o Universo responde

Eu sou fonte de entusiasmo e gentileza

Por onde ando eu espalho
bondade e generosidade

Eu sei dizer não quando é preciso

Eu sei dizer sim quando é importante

Eu sei entrar em combate quando é necessário

Eu sei ceder quando é sensato

Eu sei a arte da tolerância

Eu sou tudo o que desejo ser

Manifesto da Autoestima

Eu me expando com a permissão
das Leis do Universo

♡ Coloque as suas mãos sobre o peito, uma mais acima e outra mais abaixo. Diga:

Sou grato
Estou grato
Ao meu corpo
À minha consciência

Sou grato a todos os níveis e dimensões da vida
Sou grato a todos os níveis
e dimensões da minha consciência
Sou grato a todos os níveis
e dimensões do meu corpo

Está feito
Luzzzzzzzzzzz

Se você deseja praticar esse exercício conduzido, aponte a câmera do seu celular para o QR Code e acesse o áudio.

Agora é hora de amadurecer♡

Agora que você chegou ao fim do *Manifesto da Autoestima*, como está a sua autoimagem? Ela melhorou? Você está se enxergando de uma forma mais positiva?

Vamos fazer um último exercício com o espelho!

Olhe o seu reflexo e se concentre no que você vê e sente. Está mais fácil se olhar agora? Você está se amando mais? Seu olhar está mais brilhante?

Tenho certeza de que é mais fácil se encarar agora e fico muito feliz por isso. É mesmo difícil olhar nos nossos olhos quando eles estão cheios de críticas e só enxergam nossos pontos negativos.

Aprender a nos amar e nos perdoar faz parte da nossa jornada. Então, mude a sua autoimagem, entre em contato consigo mesmo, faça uma revisão de tudo que o incomoda e analise coisa por coisa, caso por caso, fato por fato, emoção por emoção, limpando da sua vida tudo que lhe incomoda: isso é maturidade, crescimento e desenvolvimento.

É necessário crescer, e dificilmente você vai conseguir conquistar sua autoestima se ficar agindo como uma criança para sempre, lidar com as coisas ficando emburrado, de mal com outras pessoas ou sempre arrumando alguém como algoz, como inimigo.

Então cresça, já sabendo que o processo de crescimento sempre traz dores e rompimentos, mas também traz alívio e paz! Um dia você precisa amadurecer e enfrentar essas coisas, porque, se não lhe disseram ainda, você está na Terra só para isso: para resolver problemas, ser feliz, expressar sua beleza e melhorar a sua alma, saindo daqui mais desenvolvido do que no dia em que chegou. É para isso que você está aqui.

Manifesto da Autoestima

Sua missão na Terra não é construir uma casa, criar seus filhos, ser advogado. Sua missão é melhorar a sua alma, reformar seu Eu Interior, ser uma pessoa melhor, mais feliz, alguém agradável para os outros, contribuir com o mundo, fazer o mundo ser melhor.

É para isso que você está aqui. Agora, se você vive na ilusão de uma vidinha no buraco, sinceramente, quando for embora da Terra, vai sair pior do que chegou. E uma das piores frustrações para um ser humano, é ter a sensação de que a vida não valeu a pena.

Uma pesquisa feita em hospitais e clínicas com doentes terminais revela que eles se arrependem exatamente de não terem enfrentado as coisas, de não terem vivido mais, de não terem pedido perdão às pessoas. Raramente alguém se arrepende dos rendimentos, salário, dinheiro, patrimônio e coisas desse tipo. As pessoas se arrependem daquilo que não desenvolveram dentro de si, de não sentirem mais amor, de não serem mais leves. É disso que as pessoas se arrependem no final da vida.

Quem você quer ser quando for embora deste planeta? Quem você quer ser naqueles momentos finais? Será que vai ter conseguido passar no teste? Será que terá cumprido sua missão? O que você quer pensar naqueles momentos? Que você foi uma pessoa que desistiu de si mesma e ficou se lamentando no estado de vitimização, mimimi e chororô, no Ministério da Minhoca e na *Carenciosfera*?

Ou você quer ser alguém que deu a volta por cima, teve coragem, deu o grito de liberdade em determinado momento da vida, rasgou a camisa e encontrou seu herói interior? Quem você quer ser?

Neste livro, eu compartilhei todo o conhecimento de que você precisa para chegar ao fim da vida sem arrependimentos. Agora está nas suas mãos.

Releia o *Manifesto da Autoestima* sempre que você quiser ou sentir necessidade. Se preferir, quando estiver diante de um desafio, volte ao capítulo específico que trata desse assunto, refaça os exercícios.

Lembre-se, a construção e o fortalecimento da autoestima é um processo. Não é algo que você possa fazer de uma vez só, depois de ler este livro, e pronto, está mudado para sempre. Não é assim.

Lembre-se da minha história. Foram 40 anos para construir quem eu sou hoje, tijolinho por tijolinho. 👷🧱

Todo esse aparato de informações são as ferramentas para a sua construção. Agora cabe a você erguer as paredes da sua vida.

E, no que depender de mim, estarei sempre por aqui para acompanhá-lo e lhe mostrar os próximos passos.

Com amor,
Patrícia Cândido
😍

Transformação pessoal, crescimento contínuo, aprendizado com equilíbrio e consciência elevada.

Essas palavras fazem sentido para você?

Se você busca a sua evolução espiritual, acesse os nossos sites e redes sociais:

iniciados.com.br
luzdaserra.com.br
loja.luzdaserraeditora.com.br

luzdaserraonline
editoraluzdaserra

luzdaserraeditora

luzdaserra

Luz da Serra®
EDITORA

Avenida Quinze de Novembro, 785 – Centro
Nova Petrópolis / RS – CEP 95150-000
Fone: (54) 3281-4399 / (54) 99113-7657
E-mail: livros@luzdaserra.com.br